・除非你放棄，否則你就不會被打垮！
・我總會設法讓一樁不幸化為一種機會！
・每個人都是他自己命運的設計者和建築師！
・從貧窮通往富裕之路是暢通的，重要的是你要堅信！
・「我」就是我最大的資本！

——約翰・D・洛克菲勒

上帝為我們創造雙腳，是要讓我們靠自己的雙腳走路！

我們必須讓自己成為一個策略性的思考者，而不僅是手段的設計者。

John. D. Rockefeller

洛克菲勒 人生哲學

洛克菲勒〔原典〕　林郁〔主編〕

關於本書

從一個小小的簿記員到全球石油業的霸主，約翰・D・洛克菲勒成就了一個傳奇。洛克菲勒的創業史在美國早期富豪中頗具代表性，是美國夢的典型代表。他精明而富有遠見、冷靜而又具備膽略，他的成功絕不是偶然，正如他自己所說：「如果把我剝得一文不剩並丟在沙漠裡，只要一行駱駝商隊經過，我就可以重建整個王朝。」

洛克菲勒生前是一個備受爭議的人物，人們以獨裁的沙皇、吸血的惡魔來形容他，死後紐約的報紙卻讚揚他是：一位舉世無雙的大慈善家、大企業家。奇怪的是，幾乎所有的爭議言論，在一夕之間都消失了……

洛克菲勒出身貧窮，在家中六個孩子排行第二。父親是威廉・洛克菲勒。他是一個賣假藥的江湖郎中，又犯重婚罪，不是個正直的人，故洛克菲勒一生都與他保持著一段距離，但父親精打細算的商業頭腦也對年幼的洛克菲勒留下正面影響。然而完全相反地，母親卻是個虔誠的浸信會教徒，生活自律，並從小對他灌輸節儉，勤奮等觀念。兒時同輩形容他是個「口齒清晰，講究方法，謹慎小心」的孩子。

一八六四年，洛克菲勒與蘿拉・斯佩爾曼結婚，兩人是之前在商業學校的班上認識的。他們生了四個女兒和一個兒子，這唯一的兒子小約翰就是將在日後繼承他的大部分事業的接班人。

他一生勤奮，不斷向上攀登高峰，在托拉斯結構下，合併了40多家廠商，壟斷了美國80％的煉油工業和90％的油管生意。托拉斯在全美各地、各行業迅速蔓延開來。洛克菲勒成功地造就了美國歷史上一個獨特的時代——壟斷時代。

本書以寫實方式來記錄這位「傳奇」，從書中您可以洛克菲勒平凡一如你我他，但他為何能脫穎而出呢？是不是時代不同了嗎？非也，儘管時代不同了，但人性並沒有改變！他的成就最主要是他與眾不同的「**思考模式**」：洛克菲勒如何從一貧如洗的少年崛起為石油業霸主，這段經歷絕對是一段經典的勵志故事。現在我們來看看這位「**傳奇**」給人們帶來的「**忠告**」：

一、出身低微、教育不足不影響成才——洛克菲勒少時貧困，16歲就外出打工。他還缺少一個英雄楷模式的父親，父親是令他感到丟臉的江湖郎中。洛克菲勒小時候給人的印象是小心謹慎有些自閉的少年，人們看不出他日後還能有多大出息。

二、不要相信「你越想發財，你就越發不了財」的論調——洛克菲勒很早就喜歡錢。他打工時，將老闆的一張四千美元的期票從保險櫃中拿出來，看了又看，摸了又摸，激動無比。他創辦企業的目的也完全是因為：想賺到很多錢。

三、擁有堅定的發財信念，甚至勇於喊出它——洛克菲勒的日記裡記載了大量關於發財信念的內容。有一次他受到客戶的歧視，便憤怒地喊道：「等著瞧吧，有一天我會成為天下首富！」他還多次對著朋友們的說：「我必定會發財，必定會發財，必定會發財！」對發財有一種強迫症似的渴望。

四、從小處做起，每天記帳、研究數字——洛克菲勒一生始終保存著他十幾歲時

的第一本帳本，他當時命名為「帳本A」，從這個帳本開始，他將生活中的一切開支數字，不論大小，通通記錄下來，並仔細研究，這培養了他對數字的敏感。對數字的敏感認真始終是他的長項，是他經商成功的重要原因之一。

有句話說：「細節決定成敗」、「態度決定高度」，所以要想比別人更優秀，只有在每一件小事上下功夫。由於洛克菲勒的出身，讓他特別渴望金錢，他認為「要賺得比別人多，就要花得比別人少。」因此，他一生都有隨手記錄、每天記帳的習慣，這種習慣也成為他給子孫的忠告，傳承到今天這種習慣並沒有改變，因為這是洛克菲勒家族的家訓——也是成為巨富入門的條件！

目錄

第2章 當你跨出第一步時，成敗就開始登場了！

第3章 努力工作是一個人在一生中最明智的投資！

第4章 贏家永遠有兩個競爭者：一個是時間、一個是自己

第5章 石油霸主君臨天下，「托拉斯」的魔法書！

第6章　與狼共舞，天使與魔鬼的圓舞曲

終章　結束並非一切的終結，而是另一個開端……

·第 1 章·

上帝擲出的骰子，你無法選擇！

這是最好的時代，也是最壞的時代；
這是有智慧的時代，也是有愚蠢的時代；
這是希望的春天，也是絕望的冬天……
——狄更斯《雙城記》

1．父親生性浪蕩，卻是生意奇才

洛克菲勒曾說：「一個真正快樂的人，就是能夠享受自己創造的人。」什麼才能叫真正的快樂，這句話的詮釋各家有各家的說法，仁者見仁、智者見智，眾說紛云。不過有一點是肯定的，那就是快樂必須自己去打造，才能品味出箇中滋味！

綜觀美國歷史誕生的名門望族中，最讓人印象深刻的肯定是約翰・D・洛克菲勒創立的洛克菲勒家族企業王國，畢竟他可是美國百年歷史中第一位億萬富豪，更是在後來成為了全球第一首富。至今「富已超過七代」，仍屹立於世人的驚艷之中！

洛克菲勒的父親名叫威廉・埃弗里・洛克菲勒。他的祖先發源於法國南部，後來因為參加宗教改革，被驅逐到萊茵河畔，十八世紀二〇年代，又移居到美國新澤西州，祖輩先後和德國人、英國人聯姻。

所以，繼承了多國血脈的威廉身體高大、強壯有力，並且英俊瀟灑、能言善道、頭腦靈活，綽號「大比爾」。

一八三五年，他來到離家鄉不遠的紐約州摩拉維亞城外的奈爾斯鎮。他穿著色彩鮮艷的衣服，用琳琅滿目的小商品、令人心動的花言巧語，吸引了農村姑娘愛麗莎。愛麗莎此時正值豆蔻年華，她紅髮碧眼、身材苗條，活潑可愛。由於宗教信仰的關係，她的家庭刻板、傳統、虔誠，威廉的出現給她帶來了不一樣的人生體驗。

一八三七年二月十八日，不顧父親的反對，愛麗莎和威廉在一位朋友家舉行了結婚儀式，隨後二人回到了威廉的家鄉里奇福德鎮。

整個鎮子的人都在談論這場不般配的婚姻，大家覺得，是威廉・洛克菲勒看中了女方家一百五十英畝的土地，這場婚姻，與其說是姻緣巧合，不如說是預謀已久。這場婚姻確實將兩個人品迥異的年輕人捆綁在一起，開啟了兩人的人生另一頁——婚姻、家庭。

一八三八年，愛麗莎為威廉生下了第一個女兒露西。同時，威廉也沒有閒著，他還和前任管家南茜有了私生女克羅琳達。

一八三九年七月八日夜裡，一個男孩誕生在家中的臥室，他就是約翰・戴維斯・洛克菲勒。幾個月後，家裡又有了另一個私生女克妮莉亞。這位未來美國商業歷史的傳奇人物，就這樣夾在兩個私生姐妹之間，出生在這種不正常的家庭環境中。

兩年內，家裡多了四個嬰兒，威廉對金錢的需求頓時放大了許多。剛結婚時，他在山裡開了一家鋸木廠，同時還做生意，買賣鹽、皮毛、馬匹和木材，試圖安定下來。寒冬季節裡，威廉經常凌晨四點就帶著從北歐移民來的工人們，到雪地的森林中伐木，到天黑時分，才將伐下的木材，用馬拉雪橇運到河邊堆起來，等待春季時分編成木筏，順流運到出售地點。

不過，不久之後，他還是重操舊業，成為游走江湖的「生意人」。他在夜色的掩蓋下，像亡命之徒那樣偷偷出門，誰也不知道他去做什麼、何時回來。當他不在的時候，家人們就只能去小雜貨鋪賒帳，愛麗莎根本不知道荒唐的丈夫什麼時候才會回來，才能還清債務。

所幸，威廉雖然在外過著荒唐的生活，但也沒有忘記這個家，他總會在適當的時機出現，回來扮演「救世主」的角色，他在外地「坑蒙拐騙」十八班武藝，樣樣精

通，每當他一回家總是光鮮亮麗的打扮，口袋鈔票也裝得滿滿的，還時常告訴兒子約翰一些在外的豐功偉業以及獨門生意的特殊技巧，雖是江湖郎中，可他也實在是一個很棒的生意奇才，至於洛克菲勒對他的「傳授」，是否吸收多少在日後派上用場？則不得而知了！

約翰・洛克菲勒日後回憶起來說：「我記得很清楚，在里奇福德的屋前，不遠處有一條小河流過，我總要小心地避開河流。我還記得母親在里奇福德時的模樣，還有奶奶住在半英里開外的山坡上。」

約翰・洛克菲勒對當地還有另一面印象，他後來說：「想到如果一輩子都待在里奇福德，我就感到相當沮喪。那裡的男人們只是打打獵、釣釣魚、喝著威士忌，一輩子無所追求。這其實是因為他們缺少宗教信仰的關係。」

母親愛麗莎也不願意洛克菲勒在這裡長大，更何況他又有了弟弟（威廉）。愛麗莎希望孩子們能擺脫洛克菲勒家吵鬧麻煩的親戚們，而和傳統穩重的娘家人接近。她開始和丈夫商量，是否能搬離里奇福德。

當父親的威廉也厭倦了鎮上人們他的眼紅與謠言，他開始計畫購買新居。

威廉從來不相信銀行，他在家裡挖了個地窖，專門儲藏自己「行商」賺來的鈔票。有人曾見過這個地窖，裡面放著一疊疊不同面額的鈔票，全都被麻繩捆紮起來，就像農家的木柴。

一八四三年，威廉帶著家人離開這裡，到了紐約州摩拉維亞鎮定居。他用地窖裡的錢，買下一棟七間房的農舍和周圍九十二英畝土地，花了二千四百美元。

此時他才三十多歲，和當時大環境的同齡人相比，還算是「混得不錯」。愛麗莎也很高興，因為在這裡，她終於感到生活有了嶄新的風貌。

2．苦難是人生的試金石

如果說逆境能造就堅強的人格；與富貴相比，貧困更能使人堅韌不拔，更能振奮人的精神，磨練人的品德。渾身充溢著挑戰精神的人，大多希望能多遇到一些困難。他們了解，只有這樣，才能體現出他們的品德和天賦。他們視挑戰困難為樂事，從中獲得巨大的鼓舞和力量，在戰勝困難的過程中感受著自己的價值。

約翰・布里敦是《英國和威爾斯的美人》一書的作者。他還寫了很多頗有價值的建築學書籍。他出生於金斯頓一個非常貧寒的家庭，父親曾經做過麵包師和麥芽製作工人。生意被人擠垮後，竟因此發了瘋。那時候，布里敦還是個孩子，幾乎沒有受過教育。幸好，他也沒有墮落。

早年，他在叔叔（克拉肯威爾一家酒店的老闆）那裡幹活，幫著裝酒、上瓶塞、儲存葡萄酒。一晃五年過去了，他突然被叔叔逐出了家門。五年間，他只攢了幾個硬幣。就是這點錢，伴他走了七年的漂泊生涯。

他經歷了種種災難和不幸，在自傳裡，他寫道：「我住在貧寒的地方，一星期只掙18便士，但是我沈迷於學習中，冬天晚上就在床上看書，因為我沒有錢生爐子。」他徒步來到巴斯，找到一份管酒窖的工作。不久，他又來到大城市，身無分文，甚至沒襪子穿。

他終於在倫敦酒店找到一份管酒窖的工作。此後每一天，從早上7點到晚上11點，一直待在酒窖裡。待在這種漆黑的環境，加上過度勞累，使他的健康開始惡化。於是，他改行到律師事務所工作，每星期的工資為15先令——那些年，他一直利用空閒的每一分鐘練習寫作。工作期間，他也抽空逛書攤。買不起書，就站在那裡看。通過這種方法，他積累了很多知識。過了幾年，他換了一家律師事務所，工資漲到20先令一星期。他仍然堅持看書。

28歲時，布里敦出版了自己的第一本書：《皮薩羅的求職經歷》。從那以後直到去世，將近55年的時間，他一直從事文學創作。他出版的作品達87部，其中最重要的是《英國大教堂的古代風習》，總共14卷，是一部偉大的作品。這部作品本身就代表了約翰‧布里敦不知疲倦的勤奮風格。

「苦難是人生的老師。」沒有經歷過像約翰‧布里敦所經歷的那種苦難，你應該更加惜福，並且要刻意去磨煉自己，塑造出與眾不同的堅韌品德。

伊爾‧布拉格是美國歷史上第一位榮獲普利茲新聞獎的黑人記者。他勇敢、勤奮、功績卓越，創造了美國新聞史上的一個奇蹟。

在回憶自己的經歷時，他說：

「我們家很窮，父母都靠賣苦力為生。那時，我父親是一名水手，每年都要往返

於大西洋各個港口之間。我一直認為，像我們這樣地位卑微的黑人不可能有什麼出息，也許一生都會像父親所工作的船隻一樣，漂泊不定。

「後來，在我九歲那年，父親帶我去參觀梵谷的故居。在看過梵谷用過的那張破舊的小木床及裂了口的皮鞋之後，我問父親：『梵谷不是一位百萬富翁嗎？』父親告訴我：『梵谷是個連妻子都沒娶上的窮人。』

「第二年，父親帶我去丹麥。在童話大師安徒生的故居前，我又困惑地問道：『爸爸，安徒生不是生活在皇宮裡嗎？』父親回答：『安徒生是一位鞋匠的兒子，他生前就生活在這棟閣樓裡。』

「從此，我的人生完全改變了。我慶幸自己有個好父親，他讓我認識了梵谷和安徒生；而這兩位偉大的藝術家又告訴我，人能否成功，與是否貧賤無關。」

的確，命運有時會把一些偉大的人放在下等人中間，讓他們從事卑賤的職業，使他們遠離金錢、權力和榮譽，然後在某個意義不凡、價值不菲的領域，讓他們脫穎而出。所以，你完全不必為自己出身低賤而煩惱。任何人都可以輕視你，但你自己不能輕視自己。如果連自己都看不起自己，你的一生就真的毫無意義。

一個人最大的不幸就是：自己否定自己，自己糟蹋自己，自己將自己看作是世界上最無能、最無用的人。

人的一生中，有時會遇到一些難以忍受的事。它們不是貧困和疾病，而是外界強加給你的一種桎梏。這種桎梏，有時是偏見和歧視，有時是打擊和嘲諷，有時是壓迫和摧殘。它們緊緊地勒住你，使你感到壓抑。

面對這種困境，人最容易心灰意冷，失去信念，厭棄生命。然而，你不能否認，這種桎梏很可能是一塊試金石。在這塊試金石試驗下，強者讓桎梏在自己的生命中淹沒，弱者則讓生命在桎梏中枯萎。

其實，任何人都不是全能，你在這方面實力弱，並不意味著你在所有的領域都處於劣勢。同樣的道理，暫時的勝負，並不能決定人生最後的走向。即便你現在處於社會的底層，也沒有必要垂頭喪氣，自卑自賤。不要因為自己暫時低賤的身分，判定自己未來生活的格局；不要因自己角色卑微，就用哀怨無告的聲音與世界對話；不要因暫時的生活窘迫，放棄了美好的理想。一個人只要永遠挺胸抬頭的邁向前去，全世界

都會給他讓路。

斯哥特是一位小學生。這天，他要參加學校戲劇演出中之角色選拔。為了這次選拔，他將自己的全身心都投入其中。在宣佈角色人選那天，母親害怕他如果落選，會承受不了那種失落和痛苦，於是還沒到放學時間，她就早早地等在兒子學校的大門口，準備接他回家。

放學的鈴聲剛響不久，小斯哥特就衝向母親，眼中閃耀著得意、興奮的神色。「猜猜看，媽媽！」他高聲叫道，說出一句令人震撼的話：「我被選中做喝彩和歡呼的人了！」

生活中有很多事物都受到自然條件的限制。滿足於現狀、接受它可以讓自己的希望永遠生長在沃土中，不斷成長。

成功不是天上掉下的餡餅，成功是自己不懈地努力和實踐的結果。任何成就都無法投機取巧，不勞而獲。得過且過、懶散的人根本與成功無緣。只有勤勞和智慧才是最大的財富。

就算是那些出生於顯貴家族的人，他們個人所達到的成就和聲望也只能通過自己的奮鬥而獲得。土地和財富可以從父輩手裡繼承，個人的知識和智慧卻繼承無路。有錢人可以雇人來為他做體力勞動，而企圖心卻無人能夠代勞。他必須自己思考，發展自己的智力和見識。成功之前，人人平等。無論出身貧賤或富貴，自身的努力是惟一足以獲得成功的方法。

遺憾的是，許多人都能挺起胸膛，勇敢地面對貧困，樂觀地克服障礙，卻經不起富貴的誘惑。衣食無憂，不一定就能造就寬厚的稟性。許多人有了錢之後，心腸反而變硬；原本小氣、吝嗇、卑躬屈膝的人有錢之後仍然大方不起來，反而一副小人得志更倡狂的嘴臉。

艾德蒙・伯克說：「困境是一位嚴師，它了解我們甚於我們了解自己。就像我們的摔跤對手可以增強我們的力量，熟練我們的技巧，是我們最大的助益者。」

沒有逆境的生活簡單又無趣，生命的價值也會驟減幾分。不斷面對困難，不斷嘗試克服困難，不僅可以鍛鍊人的個性，還能教會人如何自我幫助。所以，逆境是最好

的行為之師，常常以一種潛移默化的方式塑造你的生活。

事實上，在一個人成才的道路上，財富本身可能是個更大、更難以克服的障礙，比貧窮的障礙更大。一個人從窮變富，很容易就躺在金子堆中安逸享樂、自我放縱、荒淫懶散。這是人的貪欲本性使然。

約瑟夫・拉格朗日的父親曾是天文學家和數學家，也是圖林戰爭財產辦公室的財務總管。由於投機經營，他毀掉了自己的前程，他的家庭也因此陷入貧窮的困境。正是因為拉格朗日能夠適應這樣的環境，才使他成就了自己的事業，享盡聲望和幸福。「如果我很富有，」他成名後說：「也許我就不可能成為數學家了。」

3・起點並不會決定終點

洛克菲勒在給兒子小約翰的信中曾說過——

在這個世界上，永遠沒有出貧窮或富裕，就能決定人生的成功與失敗，有的只是「我奮鬥、我成功」的真理。我堅信：我們的命運是由我們的行動決定，而不是由我們的出身決定。

英國最著名的藝術家都出生於普通家庭。庚斯博羅和培根的父親都是裁縫，巴里的父親是一名愛爾蘭水手，馬克里斯的父親是科克的一位銀行學徒，歐佩、羅姆尼及伊尼格‧瓊斯的父親都是木匠，韋斯特的父親是（北美洲新英格蘭地區）賓夕法尼亞州費拉德爾菲爾（費城）的一個小農場主，諾思克特的父親是一個鐘錶匠，傑克遜的父親是一個水手，艾迪的父親是一個印刷工，雷諾、威爾遜及威爾基的父親都是小文員，勞倫斯的父親是酒館老闆，特納的父親是一個理髮師。

當然，也有幾位畫家出生於與藝術有關的家庭，不過地位不高——例如弗拉克斯曼，他的父親是一個賣石膏模型的，伯德的父親是給茶盤雕花的，馬丁的父親是一個馬車油漆匠，萊特和吉爾培的父親都是船油漆匠，查特雷的父親是一個雕刻家和鍍金工人，大衛‧科克斯、斯坦福德和羅伯特的父親都是風景畫家。

雖然沒有人確切知道莎士比亞的出身，但毫無疑問，他也是從一個平民發展成一代宗師。他的父親是一名屠夫和牧場主。有人認為，莎士比亞本人早期是一個紡織廠

的梳毛工，另有人認為他是一所學校的傳達員，後來又幹過公證處文員。他似乎是一個「典型的多面手」。他在一篇關於航海的散文中用詞過於精準，使人懷疑他曾經是一名水手；還有牧師斷定，他很可能是一名牧區職員。一位有名的伯樂則認為莎士比亞可能是一個馬販子。還有人說，莎士比亞無疑是一名演員，在一生中「扮演了很多角色」，匯集了在各行各業中打拼的體會。無論如何，他始終是一個勤奮的學生、一個努力的工作者。時至今日，他的作品仍然影響著英國國民個性、品德的方方面面。

在為崇高的天文學做出傑出貢獻的偉人之中，我們可以看到——考巴尼克斯，一名波蘭麵包師的兒子；卡普勒，德國清潔工的兒子，自己也不過是個餐廳的服務生；阿拉穆伯特，在一個冬天的夜晚，被遺棄於教堂的臺階，之後被育嬰堂撿到，並由一對玻璃工夫婦撫養成人；牛頓和拉普雷斯，一個是格拉薩穆附近一位小商販的兒子，另一個是霍夫萊附近布蒙特因奧格一個貧窮農家的孩子。儘管他們早年的成長條件都挺惡劣，但通過自身的努力，發揮聰明才智，他們贏得了流芳百世的聲譽，獲得了用全世界的財富都無法換取的成就。

福利家族的創始人——理查·福利是查爾斯一世時期斯坦布里奇附近的一個小自耕農。那個地方是中部城市製鐵業的中心，理查也是這個行業中一個製造釘子的工人。他天天觀察，發現當時用鐵棒製釘子的工序非常笨拙，浪費了很多勞力和時間。在更廉價的釘子從瑞典進口以後，斯坦布里奇地區的釘子迅速失去了市場。瑞典人之所以能將釘子的成本降下來，是因為採用了分裂機和其它機器。而英國人仍然採行繁雜的工序，人工準備製作釘子的鐵棒。

理查·福利弄明白這些關鍵之後，決定改革製釘工序。他突然從斯坦布里奇失蹤了，然後很多年，故鄉的人都不曾聽到他的消息，連他的家人都不知道他去了哪兒。理查·福利是怕萬一失敗，無顏面對家人與鄰居，因此沒有透露他的形蹤。

他身上只帶很少的錢，幾乎一文不名。但他還是想方設法，到達了赫爾。他在一艘開往瑞典的輪船上找到一份工作，抵了船票。他身上僅有的值錢之物是一把小提琴。到達瑞典之後，他沿途乞討，來到烏普薩拉附近的丹內馬拉煤礦。他是一個很好的樂師，也是一個很樂觀的人，那些礦工很快就喜歡上他。

他進入鐵礦廠工作，幹所有的活兒，抓住一切機會，細心觀察，偷學鐵棒分裂的

工藝。達到目的後，他又從鐵礦廠失蹤了，礦工朋友沒有一個知道他的去向。

他回到英國。他把失蹤以來的收穫告知了奈特先生和斯坦布里奇的另一個人，充滿信心地向他們籌集資金，建造工廠和機器，以便採用新的鐵棒分裂技術。但是機器開動之後，根本無法分裂鐵棒。大家都很惱火。

福利再一次失蹤了。認識他的人以為這次他是永遠失蹤了。但他這次失蹤，並非因為懼怕失敗所帶來的恥辱和債務，像第一次失蹤那樣，他仍然是去找鐵棒分裂的祕密。這說明他具有一種鍥而不捨的精神。

他又來到瑞典，帶著那把快樂的小提琴出現在礦工朋友面前。大家都很高興他的重新出現。這一次，他們把他安排到鐵棒分裂廠。他們以為福利什麼都不懂，只會拉拉小提琴。迄今為止，還沒有人知道他一趟一趟跑來，究竟是幹什麼。

福利悄悄獲得了鐵棒分裂的真正祕密。他不再像第一次那樣魯莽，而是仔細檢查了整個工作流程，發現了以前失敗的原因。他對那些機器做了很多繪圖和記錄，雖然他從來沒有畫過這樣的圖，但他還是想方設法把那些東西畫下來。當他確信自己的觀察已沒有差錯，確信自己已經掌握了那些機器的奧妙之後，他又一次失蹤。

上帝知道，無論他失蹤多少次，像他這樣不達目的，誓不罷休的人，肯定會引人注目。他回到英國，那些機器便正常運轉了。朋友們大為驚訝。

後來，通過精湛的技術和勤奮的工作，他創造了巨大的財富，把生意擴展到其它城市和地區。

約翰・斯科特是紐卡斯爾一個煤礦修理工的兒子。小時候，他很淘氣。進入學校，又成為一個不可救藥的壞學生——偷搶別人的果園是他小時候最喜歡做的事。

起初，斯科特的父親想把他送到雜貨店當學徒，但後來還是決定把他留在身邊，繼承自己煤礦修理工的職業。後來，斯科特的哥哥從牛津大學畢業，獲得了學位，寫信給父親說：「把傑克送到我這裡來，我會好好教導他的。」

於是，約翰被送到了牛津。在那裡，通過哥哥的幫助，以及自己的努力，他獲得了獎學金。

但是，某個假期，很不幸——或者說很幸運，就像後來事情進展的那樣——他戀愛了。他和心上人一起私奔，越過邊境，然後結了婚。他的許多朋友當時都認為，他

的一生肯定給毀掉了。

結婚時，他沒有房子，也沒有錢，幾乎連一分錢都沒有。他失去了獎學金，還拒絕了他天生享有的教堂優先權。可是，他開始學習法律。

在他寫給朋友的一封信中，他說道：「我倉促地結婚了。不過，我決定辛勤地工作，養活我心愛的女人。」

他來到倫敦，在克斯特雷租了一間小房子，安心學習法律。他意志堅定，每天早上4點起床，一直看書到深夜。犯睏了，就用一塊濕毛巾敷在頭上。由於太窮，他無法在專門的律師指導下學習。為此，他抄寫了一部三卷判例集的手稿。

成功之後某一天，這位已成為貴族大臣的礦工之子和祕書一起路過克斯特雷，他這樣說：「這就是我最早的棲息地。我過馬路買晚餐時，身上通常只有6便士，因此晚餐總是將就著吃一點。」

他終於通過了律師資格考試。但是，他等了很長的一段時間才找到工作。第一年，他的薪水只有9先令。之後四年中，他勤奮地工作，奔波於倫敦法院和北部巡迴法庭之間，一步步向前發展。

剛開始，即使在自己的家鄉，他也只能接到一些為窮人打官司的案子。那時候的結果令他失望，他幾乎決定放棄在倫敦的事業，到其它城市找一份律師的工作。

他的哥哥給家裡寫信說：「弟弟的工作很無奈，非常枯燥！」

但是，就像他幸運地逃脫了成為雜貨店學徒、煤礦修理工和鄉村牧師的命運一樣，他最終又逃脫了成為一名鄉村律師的命運。

約翰‧斯科特終於獲得了一個機會，得以展示自己通過勤奮學習所獲得的廣博的法律知識。在他承接的這個案子中，他提出一個反對代理人和聘請自己的委託人之意願的法律疑點。當地法院做出的判決並不支持他。但是，後來上訴到最高法院，貴族特羅推翻了之前的判決，做出了支持他的主張的最後判決。

離開最高法院時，一個律師走過來，拍拍他的肩膀，說：「年輕人，你的一生衣食無憂了。」

事實證明，這個預言完全正確。曼斯菲爾德爵士曾經說，他要嘛不接案子，一接就是年薪三千里拉。斯科特的情況也差不多。他年僅32歲，就被任命為皇家法律顧問，並擔任北部巡迴法庭首席法官，還成為威佈雷市的議會代表。

雖然早年的工作非常不如意，但斯科特沒有退縮，持續勤奮地學習，為他後來的成功打下堅實的基礎。他憑著意志力、知識、能力、勤奮，贏得了成功。後來，他還被任命為司法部長。很快，他升到最高職位——皇家授予的英國貴族大臣。他擔任這一職務達25年之久。

4．不得不佩服奇技淫巧的父親

有句話說：「一個父親勝過一百個老師。」

雖說洛克菲勒的父親是一個不盡職的家長，但我們在日後發跡的第一個歷史上的億萬富翁身上，卻沒聽過他對父親的一句抱怨，這是一件很奇怪的事，照說因為父親沒照顧家庭，多少都會表達出不滿的情緒，可我們在洛克菲勒日後的言論以及自傳中，卻找不到他責怪父親的字眼……

在摩拉維亞，「大比爾」威廉儼然是一位守法的富裕人家，他花錢大手大腳，穿著時髦的衣服，騎著高大的駿馬疾馳而過。他還對鎮上的公共事務十分熱心，例如參與鎮上學校的選址活動，帶頭為建設校舍捐錢。此外，他還當上了該鎮戒酒委員會的主任。這種熱心公益的精神，後來也傳給了兒子。

然而，當威廉離家遠行時，他做的事情就不那麼光彩了。他經常駕著滿載貨物的馬車，來到愛荷華州和伊利諾州的邊界銷售。由於那裡是印第安人聚居地，而印第安人將聾啞當作神奇力量的象徵，於是他乾脆裝聾作啞來騙取他們的同情和信任。不過，雜貨生意賺得畢竟不多，於是他又找了一份更有利潤的生意：賣「特效藥」。

威廉每到一個地方，總是會拜訪並賄賂那裡的報社總編，第二天，當地報紙上就會出現人物介紹：「威廉‧埃弗里‧洛克菲勒，醫術高明，專治絕症，到此行醫濟世。」有著這樣的頭銜，威廉到處推銷他用草藥自製的各種「萬靈藥」，他在人們面前侃侃而談，裝模作樣地將不同草藥配方的功能吹得活靈活現。為了讓大家相信，他還特意叮囑藥物的使用禁忌和方法。在那個年代，落後愚昧的放血療法、催瀉療法還在大行其道，人們為了避免痛苦，自然願意相信這些藥物。而威廉也就順理成章地將診療費提高到二十五美元，足足是當時人均月薪資的兩倍。

有了「行醫」的這條路子，威廉更加不屑於做農活。他專門雇人在家裡照顧農

場，愛麗莎則會分配些家務讓孩子們做。在母親的影響下，約翰喜歡做農活，課餘時間裡，他砍柴、擠奶、打水、整理菜園、去鎮上買東西、在家中無人時照看弟妹……年少的勞動經歷磨練了他，讓他能夠經受以後的創業艱辛。

威廉手頭的錢越來越多，但他並不滿足，又打起了投資股票的主意。

那時，美國的經濟聯繫日益緊密。為了防止道路泥濘不堪影響交通，各州都開始在路面上鋪設原木或碎石，尤其是紐約州，河道密布，為了連接水路，木材鋪設的道路大受歡迎。威廉看好這項事業，於是投資購買了道路公司的股票，並開始重新關注起木材生意來。

威廉的好運未能持續。鐵路很快在美國普及，木材的道路即將被歷史淘汰。道路公司的生意一落千丈。持有大額股票的威廉，幾乎走到了破產的邊緣。

經濟上的失意讓威廉大受打擊。一八四九年，他涉嫌強姦家中的黑人女傭，被當地治安官盯上。窘迫之中，他被迫決定賣掉摩拉維亞的宅子和農場，舉家遷到紐約州奧斯威戈的村莊。後來，親戚們越過了阿帕拉契山，集體遷移到賓夕法尼亞州，威廉決定效仿，在一八五三年帶著全家，登上了西行列車，遷居到伊利湖畔的利克夫蘭。

雖然威廉「事業」深受打擊，不過他那不屈不撓的變通手腕，卻也不得不讓人刮目相看，產生一份「尊敬」！

5．耳濡目染卻有自己的見解

威廉知道，賓夕法尼亞州城市附近的土地，早就被農莊主們分割殆盡，他們這樣的新移民，是不可能有什麼機會。為了孩子們的前途著想，同時也為了從西遷的移民手中賺到更多的錢，他將目標放到了新興的克利夫蘭。此時，約翰‧洛克菲勒剛滿十四歲，他的人生圖卷就這樣跟隨父親，向世界徐徐展開。

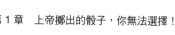

基因的力量是強大的，更何況很早就開始的耳濡目染。早在八、九歲時，威廉就讓洛克菲勒去給家裡選購柴火，他教會兒子怎樣選實心和平直的木頭，凡是帶杈和朽爛的，一根也不能要。洛克菲勒就是在這些家務中，學會了精打細算。

隨後，洛克菲勒又無師自通地學會了賺錢。當他還是個孩子時，就會按磅買來糖果然後分成幾小份賣給兄弟姐妹，賺取少許零用錢。七歲那年，他追一隻野生火雞走

進森林，等牠搖搖擺擺走開後，就從雞窩裡偷出小火雞，帶回家餵養賣錢。母親為了支援他做這筆生意，還專門提供凝乳（乳酪的一種）餵小火雞。第二年，火雞大了生了小火雞，雞群越來越多。洛克菲勒非常高興，從不放過觀察牠們成長的機會。等賣掉了一些大火雞後，他就將自己賺到的硬幣，存放到壁爐架上的藍瓷碗裡面。

不久後，他將自己積攢的五十美元全部貸給了周圍的農民，利息是每年7.5%。第二年，他拿回了本金以及利息。當父母要求他到地裡幫工時，洛克菲勒提出一要收取每小時三毛五分美元的工資，出人意料的是，他竟然將每天的做工時間都詳盡地記錄在本子上。

在商業道德上，父親也是洛克菲勒的第一任老師。在威廉身上，可以看到十分奇特的兩面性：有時候，他誠實厚道、遵守諾言；有時候，他又搖身變成了信口開河的騙子。威廉以身示範告訴兒子，商業就是一場殘酷的戰爭，只要能夠戰勝對手，無論是怎樣的手段都能夠拿來使用。有一天，他帶著洛克菲勒經過克利夫蘭的街頭，那裡人群湧動，趕去驗貨和遊行。威廉告誡孩子：「不要管別人在幹什麼，離他們遠一點，做你自己要做的事情。」

此外，威廉還用自己的生意實踐，教會洛克菲勒獨立自主、堅韌強大乃至不擇手段的人生態度。有一次，他想以低於賣方價格一千美元的價格買農場，為了達到目的，他提出要和對方比賽射擊打靶，來決定價格，結果他真的贏了，得到了一千美元的價格優惠。洛克菲勒顯然學會了這些討價還價的手段，此後還將以此獲得成功。

作為管理者，威廉也有一套自己的方式。對手下的伐木工、農場工，他付的工錢多，而且從不拖欠，非常得人心。但他只習慣雇一陣子短工，時候一到，就會彬彬有禮地告訴所有人「我不再需要你們了」，當工人們滿懷遺憾地離開幾天，他又會禮貌地請他們回來。這套招數非常奏效，威廉將之稱為「重新雇用」的策略。這種方法讓不少人覺得他實在太過奸猾，但洛克菲勒對這種做法非常稱道，覺得這樣做能讓工人們成天提心吊膽地工作，所以工作時就不會沒精打采。

不過，洛克菲勒畢竟還是從父親身上學到了光明磊落的一面。威廉雖然有種種毛病，但他一生中從不拖欠債務，並嚴格相信契約的神聖性，每次都會仔細斟酌合約並嚴格執行。後來，洛克菲勒雖然在經商生涯中被指責有種種罪惡，但他一直以不拖欠債務、嚴格遵守合約而出名。

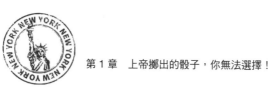

正是在此時，洛克菲勒形成了自己的金錢觀、商業觀，他告訴別人：「我越來越清楚地認識到，要讓金錢當我的奴隸，而不能讓我變成金錢的奴隸。」

同時他還和夥伴宣示過這樣的野心：「有一天，等我長大了，我要有十萬美元。我會有的，一定會有那一天的。」十萬美元這個數字，後來出現在不同人的回憶中，洛克菲勒對他們宣示過的內容幾乎完全一樣。人們相信，他對金錢的渴求，在那時就已經超越了絕大多數同齡人。

一八五四年，約翰‧洛克菲勒十五歲，進入了克利夫蘭中心高中。那時，這間學校只有一幢不起眼的平房，四周是成蔭的大樹和潔白的尖頭柵欄。這間學校奉行自由化的進步教育，洛克菲勒的升學作文表明他確實符合入校標準。在〈自由〉這篇作文中，他提出：「人奴役人，既違反我國的法律，也違背上帝的戒律。」

因此斷言，奴隸制如果不能馬上廢除，就會最終毀滅美國。而只有在公民中普及教育，美國才能進步。為此，洛克菲勒寫道：「過去，只有僧侶和教士才能受教育，正因如此，世界才會停滯不前；只有當人民受到教育，並且學會獨立思考的時候，世界才會有進步。」這樣的廢奴主義和普及教育思想，來自於他從小受到的北方浸禮會福音教派的影響。作為平民家庭出身的學生，洛克菲勒向來對貴族和僧侶有所譴責，在他篤信上帝的心中，認為正是這些人冒用了神的名義，維護自身特權，並壓制那些積極進取的普通人，所以這些人是社會和國家進步的阻礙者。

當洛克菲勒讀完高中，他父親覺得大學是一種奢侈品，是供有錢人裝點門面用的，沒辦法給平民百姓帶來實惠。真正有進取心的年輕人，大多要去讀商業學校，或者以函授學習的方式來彌補學歷的不足。洛克菲勒很快聽從了父親的建議，花四十美元，在福爾索姆商業學院克利夫蘭分校參加了為期三個月的課程。

這些課程包括複式會計、清晰書寫法，還包括有關銀行、外匯和商法等領域的基礎知識。洛克菲勒非常喜歡這些實用的知識，他沉浸其中，努力學習，三個月很快就結束。一八五五年夏天，十六歲的洛克菲勒結束了學習生涯，準備進入社會，開始翻開了自己人生的另一頁。

·第 2 章·

當你跨出第一步時，成敗就開始登場了！

「人生觀」決定了一個人的人生追求。
「世界觀」決定了一個人的思想境界。
「價值觀」決定了一個人的行為準則。
——佚名

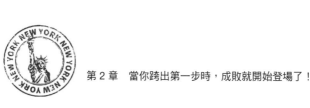

1．英雄不必問出身

如果你向神求助，
說明你相信神的能力；
如果神沒有幫助你，
說明神相信你的能力。

生活中不斷重演著一種悲劇：很多勤勞刻苦，奮鬥不息的人卻處處挫折，窮困潦倒；而那些懶惰無能、平庸無德的人反而能輕易地獲得成功，攫取財富、權力和聲譽。於是，有人哀歎命運的不公，有人哀歎自己天生「命」不好。在搖首歎息之際，他們向命運低頭了，甚至自暴自棄，破罐子破摔。

古代有人在經歷了人生的坎坷之後，得出了「生死有命，富貴在天」的結論。但應當知道，一個人命運的好壞，都非天生註定，不可改變。一個人一生不可能永遠幸運，也不可能永遠被厄運糾纏。要相信，命運由自己創造，掌握在每個人手中。

洛克菲勒和弟妹們在童年時，幾乎沒有穿過新衣服，衣服破了，補了又補，一件外套，姐弟幾個幾乎都是輪流穿來穿去。更難過的是，他們住在一間沒有泥牆的木板房子裡，夏天還好，到了冬天，寒風、雪花從木板縫隙裡擠進來，一家人凍得瑟瑟發抖，只能相互擁抱著取暖。

年少的洛克菲勒每天早上給別人家擠完牛奶，再光著腳丫走幾公里的路去上學。這就是洛克菲勒的童年生活，即使生活在這樣貧窮的環境中，洛克菲勒也從未抱怨過，只能默默幫母親盡一己之力。

在沒有一個負責任的父親的日子裡，洛克菲勒變得越來越堅強。作為家中長子，他擔負著沉重的責任。他要精打細算地生活，要仔細地花每一分錢，這也無意中使他養成了節儉和賺錢的意識——而這也是他一輩子奉行的信仰——節儉與賺錢。

洛克菲勒從小就是一個十分勤快的孩子，他像母親一樣，用自己的雙手幫助做一些力所能及的家務事。此外，為了擔負起養家的責任，洛克菲勒還利用空閒的時間在農場幫別人打工，賺取生活費。

正式工作後，洛克菲勒將他自小養成的艱苦勤勞的習慣融入到工作中來。他從不將繁重的工作當作是多麼辛苦的事情，相反，他熱愛甚至痴迷於工作。這個典型的「工作狂」將大量的時間用在工作上，連享受自己私生活的時間都沒有。

洛克菲勒堅忍不拔，吃苦耐勞的精神，不得不說是和他的家庭背景有重大關係的。前面提過，洛克菲勒出生在一個貧窮的家庭，他是六個孩子排行老二的家中長子。不幸的是，洛克菲勒有一個極其不負責任的父親。作為長子的洛克菲勒，自小便和母親一起承擔起了養家糊口的重擔。

對洛克菲勒性格影響最大的人莫過於他的母親了。洛克菲勒的母親是一位極度虔誠的基督教徒，她嚴格規範自己的一言一行，使它們能符合《聖經》的要求。她還將這種精神傳遞給孩子們，而洛克菲勒也潛移默化地受到了這種思想的影響。

洛克菲勒的母親時常將生活中的知識分享給洛克菲勒，比如勤勞並且節儉對於白手起家的人來說是致富的基本常識；像蜜蜂一樣勤勞地勞動，不能妄想天上掉餡餅，有了一定積蓄之後也不能胡亂花費，洛克菲勒將母親的忠告銘記在心，並巧妙地運用到以後的工作生活中。

最明顯的一個證明就是記帳，沒有經過誰的提醒，洛克菲勒從少年開始就有記帳

的習慣，上面記錄的僅是生活瑣碎小事的花費，後來連和妻子約會時的各種支出也在其中。

由此可見，洛克菲勒母親的生活常識很是有效，勤勞使洛克菲勒在工作中總是能收獲更多的讚譽和金錢獎勵等實質幫助，而節儉的生活方式使洛克菲勒有了改變人生的第一桶金。

父親大比爾經常外出做生意，其實他也是生意奇才，他販賣木材、馬匹、還有「專治百病、馬上見效」的假藥，為人機警、狡猾、充滿自信，十分任性，對洛克菲勒等家人的生活，並沒有多大的照顧。不過，這個與洛克菲勒母親性格截然不同的男人，由於他長年在外打混，所以深諳現實社會的黑暗和冷酷，他總是用一些特殊的方法來「教育」孩子們。比如，告知洛克菲勒說些世人如何人心險惡、為利忘義之道，同時他也指導他如何寫商業書信，怎麼清晰記帳，怎樣處理收付款。

這些比較實用的知識和母親傳統的說教不同，它們對洛克菲勒後來的經商生涯有著至關重要的作用。細心的洛克菲勒也積極將這些知識運用到後來的工作中，尤其是他的第一份工作——簿記員。聰明好學的洛克菲勒也借助工作的機會，完美發揮以往積累的知識，並不斷加深經營技能，在帳務問題上總是做到細緻入微、清清楚楚。

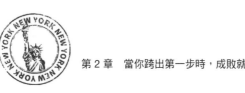

另外，雖然沒有機會接受更高的教育，不過平時愛好閱讀的洛克菲勒總是通過讀書來收獲科學系統的專業知識。他讀書不是死讀書，而是結合現實的經濟狀況做出合宜的吸收方式以及活用效益。

隆納・雷根生在一個極其普通的家庭，全家四口靠父親一人當售貨員的工資維持生活。成長的過程中，不可避免，他面臨了家庭經濟的困境。上小學時，父親被解僱，全家人走到了山窮水盡的地步。這種家庭環境培養了雷根的獨立意識。他和哥哥幫著母親在大學足球場賣爆米花。兄弟倆一邊賣爆米花，一邊看球。他們是足球場的常客，與許多球員混得很熟。那些球員很同情這兩個小夥子。兄弟倆知道家裡艱難，從不向父母要這要那，身上穿的、用的，都是母親的雙手縫製。

進入中學，雷根的學費成了問題。為了繼續上學，積攢學費，13歲的雷根每週六下午和週日都去附近的建築工地當臨時工，搬磚、推土、運水泥。星期天幹10個小

時，才掙35美分。他餓了啃麵包，渴了喝自來水。別的同學在看電影、旅遊，他卻在工地上流汗。

高中和大學時期，他完全是靠半工半讀走過來。他曾做過公園的業餘救生員，在一個暑假中掙夠一年的學費還有剩餘。此外他還在學校食堂裡刷碗、洗盤子、掃地。生活的艱辛磨鍊了雷根的意志，培養了他的信心，也使他產生出人頭地的強烈願望。

一九三二年，大學畢業後，雷根決定去試試在電臺找份工作，然後，再設法去做一名體育播音員。他搭便車去了芝加哥，敲開了每一家電臺的門——但每次都碰了一鼻子灰。

在一間播音室裡，一位很和氣的女士告訴他，大電臺不可能冒險僱用一名毫無經驗的新手。「再去試試看，找家小電臺，那裡可能會有機會的。」她說。

雷根又搭便車回到伊利諾州的迪克遜。雖然迪克遜沒有電臺，但他的父親說，蒙哥馬利・沃德公司開了一家商店，需要一名當地的運動員去經營它的體育專欄。由於雷根在迪克遜中學打過橄欖球，於是他提出了申請。那工作聽起來正適合自己，但他還是未能如願。

「最好的總會到來的！」母親鼓勵他。

父親借車給他。他開車來到特萊城，去愛荷華州達文波特的WOC電臺。節目部主任是一位很不錯的蘇格蘭人，名叫彼特・麥克亞瑟。他告訴雷根說，他們已經僱用了一名播音員。

雷根離開辦公室時，受挫的鬱悶心情一下子發作了。他大聲問道：「要是不能在電臺工作，又怎麼能當上一名體育播音員？」

等電梯時，突然聽到麥克亞瑟的叫聲：「你剛才說體育什麼來著？你懂橄欖球嗎？」接著讓雷根站在一架麥克風前，憑想像轉播一場比賽。由於雷根的表現出色，他被錄用了。

在回家的路上，雷根想到母親的話：「如果你堅持下去，總有一天會交上好運。並且你會認識到，若沒有從前的失望，那就不會發生。」

這次求職成了雷根人生旅途的新起點。它使雷根懂得，一個人只要有信心，能把握自己該幹什麼，就應該走出去，用力敲開那一扇扇機會之門。

在以後的歲月中，雷根奮發向上，憑他個人的努力，最終從一名好萊塢演員一直

攀登到美國總統的寶座！他也為日後演藝人員走上政治路上，豎下一個典範。

人的一生有許多偶然因素，這偶然的因素很可能改變後來的結局。但這些因素可遇不可求。無論是安於命運的安排，還是向命運抗爭，都有一個接受眼前命運的問題。同命運抗爭，在於知其可為而為之，或知其不可為而為之。知其可為而為之，聰明；知其不可為而為之，倔強。

如果你奮鬥了，努力了，拼搏了，依然屢遭挫折，連栽跟頭，不要抱怨命運的不公，應當理智地接受現實，然後找出並分析遭到挫折和失敗的原因，進而改變現狀，改變命運。這才是智者的作為。

如果論血統、論家產，洛克菲勒似乎永遠不會成為一位全世界最有錢的人，而自立自強、堅苦奮發的精神使洛克菲勒脫穎而出成為一個偉大的有錢人。

這種良好的品德支撐著他做出了同齡人做不到的事業。高中畢業之後，洛克菲勒沒有像其他同學一樣先來一場畢業旅行，相反地，他弄來一身行頭，每天把皮鞋擦得亮亮的，按照清單上已經列出的目標公司，開始了找工作的歷程。

2．以生命投入第一份工作

就這樣，求職之路接連進行了六個星期，洛克菲勒終於接到被錄用的通知。九月二十六日，他走進了休伊特．塔特爾公司。這是一家經營穀物和其他產品銷售的商行，也兼營貨運業。接待他的是合夥人塔特爾，他說商行此時恰好有個記帳員的職位空缺，洛克菲勒可以午飯之後再過來。

洛克菲勒喜出望外，但他克制住內心的衝動，禮貌地和二老闆道了謝，退出辦公室。剛走過樓梯的拐彎處，他就喜不自禁地一步一跳地走了回去。

午飯之後，洛克菲勒再次來到商行，這次接待他的是大老闆休伊特。他是個相當有財力的資本家，在克利夫蘭擁有不少房產，還擁有一家鐵礦開採公司。他讓洛克菲勒展示了書寫能力，然後同意留下他試試。至於薪資，他一句也沒提，直到三個月之後，洛克菲勒才拿到每月四美元的薪水。

即便如此，洛克菲勒從此還是將這一天看作是他的第二個生日。老年之際，他回憶起這一天，還是頗為激動地說：「我未來的一切，似乎就取決於那一天了。每當我

問自己『如果沒得到那個工作會怎樣』的問題時，我經常會渾身顫抖不已。」

的確，作為未來的商業帝國開創者，洛克菲勒真正的事業生涯就是從這一天開始的。在這一天之前，他是來自鄉下的少年，身心總是被令人難堪的父親所影響控制，在這一天之後，他走進了浩瀚的商業世界，擺脫了一切荒誕無稽，開始享受真正的自由翱翔。

入職那天，洛克菲勒準備了最好的裝束走進公司。他戴著絲質方帽，穿著條紋牛仔褲，背心上掛著金鏈。同事們將他帶到一張大硬木的舊桌前，桌面上放著一本帳簿。他立刻脫下背心，穿著吊帶褲，開始工作。雖然他只是新手，但因為良好的素質，顯得老練而有條不紊。

在外人看來，這裡的工作環境是枯燥的。桌子上堆放著散發黴味的帳本，抬頭時除了看見繁忙的碼頭，就是凱霍加河上穿梭的平底帆船。由於光線不足，辦公室裡時常要點燃昏暗的鯨油燈。但洛克菲勒依然無比享受工作的每一刻。在每天看似枯燥的工作中，他能夠充分發揮自己的數學天賦，由於年幼時幫母親記過帳，因此在記帳員崗位上，他一開始就顯示出特別的優勢。

對於推崇理性而信仰上帝的洛克菲勒而言，帳本是神賦予人們管理金錢和資產的工具。善待帳本，是因為帳本能戰勝每個人內心的衝動，避免金錢受倒情感的盲目支配。同時，帳本還能把控細節，避免混亂，防止貪腐和放縱的罪過。懷著這樣的信念，洛克菲勒對每一筆帳目都謹慎仔細、一絲不苟。

這樣的工作持續一段時間後，洛克菲勒看到了收獲。他賺得的工資不僅可以維持自己的日常生活，他還用多餘的錢為母親買了一份母親節禮物。更讓洛克菲勒興奮的是，人們已經開始認可他了，這是他最為高興的事情。

洛克菲勒在日記中這樣寫道：「我開始覺得心中已經積累了許多經商方面的經驗和感受，這是許多人想像不到的，一個創業的藍圖在我腦海中漸漸清晰起來，雖然這樣的清晰建立在我兩個月來身體的疲憊和大腦孜孜不倦的轉動上，但我換來的是一個更加成熟的自己，還有休伊特對我的信任，辦公室裡同事們對我的尊重，沒有人再把我當作一個初出茅廬的菜鳥。」

除了負責日常記帳和辦公之外，洛克菲勒還要負責為老闆休伊特收房租。這件工作非常棘手，而且只有他一個人做。為了催收，他經常面色焦慮但又無比耐心地守候

在租客的馬車旁，直到他們交出錢來。顯然，這樣的經歷給洛克菲勒留下了深刻的印象，直到數十年後，他還時常夢見自己依然在催債。

事物繁多，洛克菲勒卻甘之如飴。他每天都要在公司工作很長時間，經常每天早上六點半上班，中午只是隨便買點速食在辦公室吃，吃過晚飯後，他又會回來加班到很晚。在許多人眼中，這個年輕人如同「工作狂」，而他也打算「約束」自我，為此他在日記中寫道：「我要和自己約定，在以後的三十天內，晚上加班不能超過十點……」但顯然，他不可能遵守這樣的「約定」。

由於表現優異，洛克菲勒的月薪很快升為二十五美元。到第二年，他的年薪已是五百美元。此時，公司合夥人之一塔特爾退休了，休伊特更加重用洛克菲勒，除了讓他繼續擔任記帳工作之外，還讓他參與商行的對外聯繫工作，使他能夠接觸到更加廣闊的領域，接觸到來來往往的生意人，了解到老闆是如何看待每個商業細節的。這裡的一切，加快了洛克菲勒的成長，指引著他實現自己的宏偉目標。

開始上班的第一天，洛克菲勒就花了十美分，買下一個紅色小本子。他將之命名為帳本A，隨後每天都在上面詳細記錄自己的收入和開支。每個月，他用薪資的一半支付伍丁太太家的食宿費用，還有付給洗衣婦的錢；由於買不起時髦衣服，他總是從開價便宜的裁縫那裡買衣服……這些費用全都被一筆筆記錄到帳本A上。

當然，帳本A也成為他管理自我生活的工具。洛克菲勒曾經花了二・五美元，買了副裘皮手套，以便換掉舊的毛線手套，但當數字被寫在帳本上，他馬上就後悔了，直到九十歲時，他還能記得這個「錯誤」。另一筆開支也曾讓洛克菲勒感到疑惑，他曾經購買一種叫精製松脂的燈油，價格高達每加侖八十八美分，後來，他直接用這個數字去提醒批評者：在他日後開辦的標準石油公司的努力下，更好的煤油燈油只賣到每加侖五美分。

在當時，許多年輕人都有記帳的習慣，洛克菲勒的帳本縝密嚴格，這並不奇怪。但其中有一個細節讓他顯得與眾不同，那就是慈善行為。

帳本A顯示，洛克菲勒從此時期就熱衷於行善。在工作的第一年裡，他將六%左右的收入，捐給了慈善機構。帳本顯示，當他每天只賺一美元的時候，他就堅持向教會捐款，雖然只是五美分、十美分或者二十五美分的硬幣，卻飽含著他對上帝意旨的熱忱。到一八五九年他二十歲時，隨著收入提高，他捐獻教會的金錢，超過了收入比

例的一〇%。這一年，他還直接在辛辛那提給一個黑人錢，以便他為在做奴隸的妻子贖身，第二年，他又分別向一家黑人教會、一個衛理會教堂和一所天主教孤兒院捐款。可以說，在躋身富豪之前，洛克菲勒不但具備了出眾的才華，也展現出與其階層並不相配的慈善天性。這兩大特點彙聚在他身上，並同他熱愛金錢的習性相融。

洛克菲勒毫不掩飾他對金錢的喜愛。後來，他對人分享了自己在休伊特的公司裡，是如何被金錢強烈吸引的。那時，休伊特公司所有的票據都需要經過洛克菲勒接收並整理。這一天，公司收到紐約州南部一家銀行開出的期票，洛克菲勒不經意地瞥了一眼，目光就再也不願離開了，那張期票上清楚地寫著「四千美元」！

四千美元，對於年薪只有五百美元的洛克菲勒而言，不啻一筆巨大的財富。但在老闆休伊特的眼中，那只是一張平常期票而已。當他接過期票之後，就像平常那樣，將它鎖進保險櫃，然後離開了辦公室。等老闆一走，洛克菲勒立即打開保險櫃，重新拿出期票。他撫摸著紙面，張著嘴巴，瞪大眼睛，觀看著自己從未見過的大額財富。過了一會兒，他才戀戀不捨地將期票鎖回保險櫃。那天，洛克菲勒一次次打開保險櫃，像凝視情人那樣，熱切地注視著期票。此時的洛克菲勒還沒到二十歲。從這段往事中，人們能看見他的少年心性。他那時沒有任何不良嗜好，從來沒想過吸菸、喝酒，他甚至不喝咖啡，唯一能讓他如癡如醉的，就是對金錢的追逐感。

在休伊特公司上班時，洛克菲勒如是說：「這個工作也許會讓許多像我這樣的小職員感到乏味，但是對我卻絲毫沒有影響，相反地，我從小便被稱讚而自己也引以為豪的學習能力，在這個時候起到了至關重要的作用。」

正是因為這份熱情，洛克菲勒認真地做著記帳員的工作。

他必須每天早早地爬起來去上班，整日埋頭於那些散發著黴味的帳本之間，辦公桌上的鯨油燈還會使眼睛乾澀。除了這些工作本身帶來的勞苦，洛克菲勒還要經常忍受同事投來的嘲笑。因為過於精細和負責，洛克菲勒會把帳目的來龍去脈理清楚，數字倒騰明白，這樣一來，一些從中漁利的行為就被他發現了，在給出一定的警示和揭露後，同事們對洛克菲勒這種過分的仔細很反感，認為他是小題大做，對工作上一些細節的把握太婆婆媽媽了。

對於這些，洛克菲勒總是跟大家開開玩笑便過去了，同事們繼續每天渾渾噩噩地混日子，洛克菲勒則出於對工作的尊重和熱愛，在整理帳目的同時還留心公司的經營

狀況。比如，公司如何在穀物價格較低的時候大量購入，又如何有效率地將穀物盡數售出，這些都是讓洛克菲勒長見識的經營手段和智慧。而老闆的疏漏也成為洛克菲勒關注的重點，比如對帳目細節的忽視，這使洛克菲勒認為老闆在不尊重自己工作的同時，其馬虎大意的行為也可能導致公司發展中的失誤。對此，洛克菲勒深刻銘記，心想，若自己創業開辦公司，一定不容有馬虎大意的行為和思想。

同時，洛克菲勒還認真觀察港口上來往的人們，從他們身上，他學習到低調務實的商業作風。他當時很敬佩一個名叫莫里斯的船運老闆，從他的言行舉止來看，外人很難揣測出其雄厚的財力。而其他商人在做事時，也從不以財欺人。耳濡目染這些優良品質，加上洛克菲勒從母親那學到的勤樸節儉，使得他終身保持著生活方式上的平常心，而能將注意力集中到開創事業上。

一八五七年，時代的巨輪在迅疾地轉動著。此時，美國國內經濟進入了蕭條期。歐洲克里米亞戰爭的結束，對原本受益於戰爭的美國農民產生嚴重打擊，農產品海外銷量迅速下降。同時，對鐵路債券和土地的瘋狂投機已經長達十年，有將近五千家企業破產，數十萬工人失業。原本令人樂觀的經濟形勢，如同懸崖勒馬一般戛然而止，令許多人大惑不解。

此時，洛克菲勒忙於照顧家庭。父親威廉「暫時」回到了克利夫蘭，他將妻兒們全都接到身邊，兩個兒子也搬出了伍丁太太家，和父母團聚。為此，父親還通知洛克菲勒，要求他出錢補貼家用，並且按月繳納房租，數目和以前付給伍丁太太的一樣。

不久後，父親決定在切爾西大街為全家蓋一棟堅固的磚房。似乎是打好主意從此再也不會回歸家庭，他把這件事全權交給了洛克菲勒。威廉將所需要的錢給了這位長子，又告訴他應該選擇什麼式樣，並讓他自己注意細節：從材料到設計，從雇用建築師到監督蓋成房子。

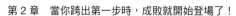

洛克菲勒沒有辜負父親的希望。他就像個老手那樣，先後從八家建築承包商那裡拿到了報價，並選擇了其中最低的那一個。他非常自信，慎重地審查圖紙、談判合約並簽付帳單。由於洛克菲勒討價還價的能力太強，再加上現場執行讓承包商無法偷工減料，當房子建成時，承包商懊惱地發現，在這個生意上他們毫無疑問地賠了錢。

當房子蓋成之後，洛克菲勒全家終於在克利夫蘭市安頓下來。此後，父親與情婦一起去了費城，而洛克菲勒就成了一家之長。雖然家務繁忙、經濟不景氣，但洛克菲

勒並沒有忽視商務。在他的努力下，休伊特公司的業務得到了有效維持。

一八五八年，他策劃了自己商業生涯中的第一個經典作品。根據新聞報導，他得出「英國即將發生糧食減產」的結論，於是他果斷行動，提前收購了大量小麥粉、玉米、火腿等加工食品，還有大量食鹽。這個擅自做主的行動，一開始遭到了老闆休伊特的質疑和批評，但不久後，休伊特的臉上樂開了花。原來，糧食歉收確實發生了，洛克菲勒順利地將手中囤積的貨物出口到歐洲，獲得了豐厚的利潤。

初出茅廬，就取得了這樣的成績，讓洛克菲勒一時間成為克利夫蘭港口區冉冉升起的新星。不少人都在談論著他是如何為公司大賺了一筆，而他才剛十八歲。

由於為公司帶來了相當的回報，洛克菲勒決定提出加薪的要求。他直截了當地向休伊特提出，希望能將年薪提高到八百美元。休伊特猶豫了幾週後提出，自己最多只能加到七百美元。在他看來，洛克菲勒的確能力不凡，但畢竟才二十歲不到，如果領取高薪，恐怕難以服眾。

加薪的努力失敗了。與此同時，負責記帳的洛克菲勒發現公司正在走向低谷。休伊特正在將自己手中的房產股份和公司股份進行脫手，這說明連老闆都不看好自己公司的未來。洛克菲勒很快將消息告訴了父親，因為父親曾經借給休伊特一千美元貸款。當威廉知道情況後，他立刻闖進了休伊特的辦公室，馬上要回了貸款。

或許是被父親的敏銳嗅覺所感染，洛克菲勒也開始思考自己的未來。他並不願意在公司裡混日子，在事業上，他只喜歡走直線：用最少最堅決的付出，獲得最大最持久的收益。就這樣，洛克菲勒在休伊特公司的職業生涯走到盡頭。但洛克菲勒並不感到遺憾，而是信心滿滿。他知道，自己已經了解如何在商海中遨遊，而離開公司正當其時。至於去向，洛克菲勒已經想好：創辦一家公司。

3．開始展開創業之路

不久後，洛克菲勒遇到了莫里斯•克拉克。

克拉克年長他十一歲，是來自英國的移民。他們倆是在福爾索姆商學院時的同學，又都住在切爾西大街。克拉克很欣賞洛克菲勒，認為他具備非同一般的能力和可靠忠實的名聲。此時，克拉克在一家農產品銷售公司工作，同時對老闆給予的待遇不

滿，由於有著類似的職場經歷，兩人一拍即合，對創業的未來產生了共同的期待。克拉克建議說，不如兩人各自籌措二千美元的資本，然後合開一家穀物與牧草公司。洛克菲勒覺得這個領域很適合，便一口答應了。

不過，洛克菲勒那時總共才只有八百多美元的積蓄。剩下的一千一百多美元，去哪裡籌集呢？他想到父親威廉曾給過的承諾：不論哪個子女，只要年滿21歲，就能得到他一千美元的贈款。此時他二十歲不到，是否能提前拿到這筆錢呢？

後來，他只好硬著頭皮和父親商量，想不到父親聽完之後，竟然痛快地答應了，他樂得轉身要和克拉克報告這個喜訊，身後卻傳來父親追加一句：「不過，在21歲之前必須付10%的利息！」……

終於，洛克菲勒和莫里斯・克拉克各出資二千美元合夥開了一家公司。公司剛成立沒多久，生意就火爆起來，這使得他和克拉克也越發忙碌。不過，洛克菲勒的忙碌除了訂單多外，還有一個主要原因，那就是他喜歡將所有的事情都提前做。

洛克菲勒他們的工作方式是以週期為計劃的，而其他的公司則喜歡在年末做計劃，然後在年初實行。這樣一來，洛克菲勒他們也就多了很多的準備時間，做起事情來也顯得比較從容不迫。其中有些業務還是洛克菲勒趁著生意清淡時期，前往俄亥俄州爭取過來的。

事情提前完成，多出來的一些時間，洛克菲勒喜歡去四處看看，看看能不能再挖掘一些新客戶，聽聽最新動態和發展。這樣一來，他多多少少都會有一些收獲。

不過，洛克菲勒的合作夥伴克拉克似乎並不贊同洛克菲勒的做法，他認為，洛克菲勒的神經太緊張了。聖誕節歲末的時候，洛克菲勒已經談了很多明年初的生意了，而克拉克卻似乎還沒有從節日的喜悅中清醒過來。

所以，大部分情況下，洛克菲勒通常會將所有的工作都準備就緒後，才留告知克拉克的下一步計劃。

要問世界上最偉大的夢想催化劑是什麼，毫無疑問，那就是野心。這正如洛克菲勒所說的一樣：「家族榮耀與輝煌的過去，並不能保證其子孫後代有美好的未來。我承認早期的優勢對未來的確大有幫助，但這不是最後贏得勝利的保障。我曾經不止一次地思考這個對富家子弟而言帶有悲哀性的問題，我似乎覺得，在富家子弟繼承優勢的同時，也減少了他們學習和發展生存技巧的機會。而出身窘迫的人，因為解救自身

的迫切需要，他們便會積極發揮創意和能力，珍惜和把握每一次改變和成功的機會。我還注意到，富家子弟缺乏貧困出身者那種想要拯救自己的野心，他們做的僅僅只是祈求上帝賜予他們成就。」

野心是一種偉大的信仰，也是一個備受爭議的話題。處在困境中的人，往往會有更大的力量來改變自己的人生，所以，貧窮是一劑很好的良藥，它能夠激發起人們內心的欲望和野心，這也是對美好生活的嚮往。

當一個人身處貧窮境地時，他會有想要改變現狀的念頭，會有放手一搏的勇氣。後期的洛克菲勒可謂是腰纏萬貫、財富成山，可他在教育子女時，卻從沒忘記過貧窮帶來的力量。

在第一個合夥公司時，成功似乎來得太快、太容易了。因為廣告宣傳起了一定的作用，加上經由五大湖區的肉類和穀物的運輸量激增，洛克菲勒和克拉克忙得不亦樂乎。四月末，公司的訂單數量猛增，以至於洛克菲勒都無暇計算通過這些訂貨單能獲得多少利潤。雖然洛克菲勒一向以謹慎來要求自己，防止一些不必要的災難，但是在大自然面前，人力顯得還是那麼的微小。

那年在進入9月份時場突如其來的大規模霜凍給了洛克菲勒沉重一擊。這場霜凍使美國中西部的農業區遭受到嚴重損害。要知道，往年的這個時候大家都在太陽下不停地用手帕擦汗呢！而這場毀滅性的霜凍直接牽扯到洛克菲勒公司的一筆生意。

原來，7月份的時候，克拉克執意要簽一單生意，9月末要把豆子交給中部的一個穀物商。剛開始洛克菲勒表示了反對的意見，因為中間間隔的時間太長，但是後來感覺風險也不是很大，而且克拉克已經和客戶簽訂了合約，洛克菲勒也就作罷了。

看來上帝不會輕易把成功的果實給他們。在聽到霜凍的消息時，洛克菲勒恨不得把合約撕了，但他很快冷靜下來，迅速地運轉大腦，計算如何不能交貨將賠付的金額，並讓克拉克先去跟客戶進行解釋遊說。接下來，他們開始對運過來的豆子進行篩選，將其中的沙土和壞豆子去掉。就這樣，他們挑了好幾天，挽救了將近三分之二的豆子，這樣一來，他們所賠付的金額也要比預期的少很多。

這筆生意雖然讓洛克菲勒公司賠付了將近六百美元，但是卻也因禍得福。因為及時交了貨物，又及時賠付了損失，讓洛克菲勒公司的信譽大增，由此也吸引了很多的客戶，讓洛克菲勒的公司及時從失敗的局面中扭轉回來。

這便是樂觀與悲觀看事物不同的角度，樂觀者在困境中尋找機遇，而悲觀者就算被泡在機會中，看到的也是無盡的苦難。樂觀者覺得滿世界是鮮花和陽光，悲觀者縱然眼前一片光明，臉上也無法露出笑容。在這裡，我們還是要不厭其煩地勸慰那些悲觀者們，只要活著就要用樂觀的心態對待生活，並且可以從苦難中發現機會的。

4．萬事起頭難

公司挺過了最初的難關，業績輕鬆攀升。一八五九年，洛克菲勒和克拉克的公司更是獲得了一萬七千美元的淨利潤，每人又各收穫八千五百美元。這筆金錢在當時可謂是不小的財富，但在洛克菲勒看來，這只是事業的起步。

為了讓公司進一步發展，一八五九年四月一日，公司迎來了新的合夥人：喬治・加德納。加德納是克拉克之前的同事，而洛克菲勒之所以同意他加入，顯然是為了獲得資金支持。從出身來看，加德納和洛克菲勒全然不同，他來自克利夫蘭的名門，後來還因此擔任了市長、遊艇俱樂部會長等職位。因此，讓他入夥之後，洛克菲勒必須做出讓步：將個人姓氏從商號名稱中拿掉，公司改名為克拉克・加德納公司。對此，洛克菲勒並沒有表現出什麼不滿，反而是克拉克在安慰他：「別在意，不會太久，幾年後，你就會比我們發展得更強。」但在內心裡，洛克菲勒對此很介意，他後來描述說：「這樣做，對我太不公平，因為我同樣也是合夥人，而加德納只是帶來了一份資金。不過，我最終還是認為必須忍耐。」

除了忍耐公司名稱的變化，洛克菲勒還要忍受加德納的公子哥作風，在他眼裡，這兩位合夥人的生活方式散漫，根本不尊重工作和上帝。而在那兩位看來，洛克菲勒總是一本正經、老氣橫秋，雖然生意上沒有他不行，但他天天在辦公室裡忙碌而緊張的樣子，看了又讓人備感壓力。更重要的是，洛克菲勒甚至像父兄那樣嚴格地對待他們，因為他擔心他們會不檢點，而影響公司的徵信。有一次，加德納和自己的朋友合夥買下了二千美元的遊艇，洛克菲勒毫不留情地對此加以斥責，但加德納表示自己並不在乎。

過了不久，恰逢週末，加德納正打算去開遊艇取樂，看見洛克菲勒埋頭記帳，於是，加德納殷切地說道：「嘿，約翰，我們幾個人打算開船出去玩，我覺得你也應該

來。多離開辦公室出去走走吧，別總是圍著生意轉，這對你是有好處的。」但沒想到洛克菲勒非但不領情，反而惱怒地說道：「喬治！你是我見過最奢侈的年輕人！請你好好想想，你這樣的年輕人，生活才開始，就迷上了遊艇！你這是在毀掉我們在銀行的信譽，我可不想上你的船，我連看都不想看一眼！」說完，他又開始埋頭看自己的帳本，再也不理合夥人。

這件事給加德納留下了很深的印象，其實，他並不是洛克菲勒所想像的那種浪蕩公子，他只是喜歡享受生活而已。

與此相比，克拉克就認為洛克菲勒還比較好相處，但同時也承認他是非常刻板的人。在克拉克的回憶中，洛克菲勒對金錢非常謹慎重視，簡直按部就班到了極點，一絲一毫也不會放過。他記錄的帳目，都精確到了分，如果有客戶欠一美分，他都會不辭勞苦地要回來，而如果公司欠了別人一美分，他也一樣要償還。

合夥人們可能並不知道，洛克菲勒花費了多大力氣，才培養了自己如此刻板謹慎的商業習慣。每天晚上入睡之前，他都會告訴自己：「你只是剛起步，別認為自己就是不錯的商人了。你要小心謹慎，否則就會忘乎所以。你要穩步前進，不要被這一點財富弄到得意忘形。」正是這些內心反省，讓洛克菲勒始終保持理性，終其一生，他都像面對魔鬼那樣，始終囚禁著自己的貪欲和驕傲。

伴隨著洛克菲勒的成長，美國也迎來了重要的變革。

一八六一年四月，南方聯盟軍包圍了北軍控制的薩姆特堡，並打響了第一炮，南北戰爭就此爆發。林肯總統對南部邦聯宣戰，並號召北方青年志願者參軍，恢復南北的統一大業。

當消息傳到洛克菲勒耳中，他彷彿聆聽到了時代脈搏跳動的聲音，感受到即將到來的巨大變化。早在上中學時，他就表現出對南方奴隸制度的厭惡，他在論文中寫道「奴隸們在南方灼熱的陽光下勞動」，將莊園主們稱為「殘忍的主子們」，並質問：「在這種情況下，美國怎能聲稱自己是自由的？」這種思想，其實也來源於克利夫蘭的社會主流思想，這座城市有許多支持廢奴的人，再加上得天獨厚的地理條件，讓克利夫蘭成為運送逃亡奴隸前往加拿大獲得自由的樞紐。在這裡，洛克菲勒多次參加反對奴隸制的群眾集會，並深深地被新教群眾譴責奴隸制度的怒吼所感染。

遍布克利夫蘭街頭的徵兵站、爭先恐後報名參軍的熱血青年、每天報紙上引人關注的戰事頭條、從街頭到餐廳流傳著各種各樣的傳言……連家裡最小的弟弟法蘭克，只有十六歲的年紀，也吵著要借錢去參加聯邦軍隊。

換作別人，或許早已被鼓動起來，而洛克菲勒卻冷靜得出奇。面對聯邦政府的徵兵令，他花費了三百美元，找了個人替自己服兵役，在當時這也並不奇怪，度富家子弟都這麼做，其中也包括後來的金融巨頭老摩根、第二十二和第二十四任總統格羅夫·克利夫蘭等人。對此行為，洛克菲勒後來向兒子解釋說：「我倒是想去參軍盡義務，但這是不可能的。我們的公司剛開張，假如我不留下來，公司肯定開不下去，還有那麼多人要靠它養活呢！」這確實有道理，因為父親拋棄了整個家庭，作為長子，洛克菲勒無疑扮演著頂樑柱的角色。

最終，洛克菲勒還是拗不過小弟弟，他親自將法蘭克送到徵兵站，看著他冒充十八歲，加入了俄亥俄第七志願步兵團。

送走弟弟之後，洛克菲勒埋頭研究戰爭帶來的商機。他和合夥人克拉克在辦公室裡掛起了大幅的詳細戰略地圖，密切關注戰爭的進展情況，這樣的布置吸引了同行和客戶，人們幾乎把這裡看作研討戰爭的俱樂部。大家經常在這裡一邊閱讀最新報導，一邊研究地圖。

洛克菲勒很快發現，戰爭結果未定，卻已經對北方的經濟帶來迅猛刺激。縫紉機日夜開動，為士兵縫製軍服棉被。收割機在田裡勞作，收割糧食以備軍需。交戰雙方都急切地想要將軍隊不斷地從舊戰場運送到新戰場，鐵路系統也必須高速運轉。為此，聯邦政府慷慨地向十多家鐵路公司贈予土地，總共送出去一・五八億英畝土地的所有權。如此發展態勢，給洛克菲勒的生意注入新的發展動力，他有了更多可以經手貿易的貨源，鐵路公司面臨發展良機，也競相前來請求合作，而他正好可以從中開發新的壓價空間。與此同時，戰爭帶給人們精神和心理上的衝擊也相當多。許多應徵入伍的農村年輕人第一次走進城市，他們看到琳琅滿目的商品、奢華享樂的生活方式，不由得都想加以嘗試，消費主義的思潮迅速傳播。甚至許多並沒有應徵的農村人，也在戰爭期間拋下了農田，走進人口稠密地區，尋覓發財良機。

在地理上，洛克菲勒所在的城市也擁有了更高的戰略地位。由於南北交戰，原來依賴密西西比河的水路貨運交通被徹底切斷，人們只能選擇五大湖區東西方向的水路

進行貨運，經由克利夫蘭轉運的貨物量成倍攀升。因此，儘管洛克菲勒他們沒有直接拿到利潤豐厚的政府採購合約，卻從普遍發展的貿易中獲得源源不斷的利益。

一八六二年，公司年利潤為一萬七千萬美元。一八六三年，公司的一份廣告，折射出他們手中產品的種類和數量：他們有一千三百桶鹽、一萬七千五百升苜蓿草籽、二百桶豬肉等，這些都是維持軍隊所不可或缺的物資。

此時，公司已經發展壯大，在臨河大街上總共占據了四個門牌號碼。這場戰爭讓二十歲出頭的洛克菲勒賺取了近十萬美元的利潤。才二十出頭，他已真正成了富人，這為他未來事業的發展提供了充足的資金。

5．確立自己的價值

洛克菲勒向來就是一個高度重視自己價值的人，不僅對自己，他還熱衷於將這些正確的想法傳遞給年輕人。在寫給兒子的信中他就有提到：成功不是以一個人的身高、體重、學歷或家庭背景來衡量的，而是由他思想的「大小」來決定。我們思想的大小決定我們成就的大小。這其中最重要的一條就是我們要看重自己，克服人類最大的弱點——自卑。千萬不要廉價出賣自己，你比你想像中的還要偉大，所以，要將你的思想擴大到你真實的程度，絕對不要看輕自己。

這是在給芝加哥大學進行演講時的演說詞，這不僅是形式上的演說詞，更是洛克菲勒一生的真實寫照和奮鬥心得。

洛克菲勒是一個善於自省並堅持自省的人，繁忙的工作使他不能像虔誠的教徒一般每日祈禱，但是他總會抽出一點時間進行必要的反省和檢討，還把這些反省內容記錄下來。洛克菲勒所有的帳本和記事本不單單是為了記錄日常流水般的事物，更是成為他人生價值觀的表現載體，呈現出洛克菲勒的思想廣度。

早期，洛克菲勒和克拉克合作成立了一家以經營農產品為主的公司。克拉克是一個有錢人沒什麼大志、同時喜歡留連在歡娛場所，而洛克菲勒則是一個嚴謹慎行的人。克拉克的這些習慣，也就成了洛克菲勒和克拉克日後分道揚鑣的主要原因之一。

而就在這時，一個很重要的人物闖進了洛克菲勒的圈子。這個人就是安德魯斯，也是克拉克的朋友和老鄉。

安德魯斯是照明油方面的專家，因為被煤油的特性所吸引，他在研究照明油的同時，也堅定地認為煤油將比其他來源的光更亮，市場也更大。但是，安德魯斯家境拮据，雖然對煤油市場的前景很有希望，卻拿不出足夠的資金投入其中，於是他便將自己的這些想法全部告訴了洛克菲勒和克拉克，希望他們能夠完成自己的宏願。

不過，洛克菲勒似乎對煤油投資沒什麼興趣，並且總是打斷安德魯斯的陳述，相反，克拉克則對這個市場饒有興致，聽了安德魯斯的想法後，便立即決定給他四千美元的資助。

在和安德魯斯合作的這段時間裡，洛克菲勒成功地將安德魯斯爭取到自己這邊。那個時候，洛克菲勒和克拉克之間的矛盾越來越深，兩個人的經營思路也是天差地別。洛克菲勒拉攏安德魯斯，也正是想要擺脫克拉克，想要解除與克拉克之間的合作關係。

一天，洛克菲勒把幾位合夥人聚集在一起，提出融資加快煉油廠發展的計劃。洛克菲勒剛說完，克拉克便站出來提反對意見，並且威脅道：如果洛克菲勒不聽自己的勸阻，那麼大家就一拍兩散。

這正是洛克菲勒所期待的結果。所以，令克拉克措手不及的是，這一次的威脅並沒有讓洛克菲勒妥協，相反洛克菲勒卻答應了他「分手」的要求，並且還讓在場的所有人作證。最後，所有人一致認為，將公司進行拍賣，出價最高的買主將是這家公司的新主人。

而這場戰爭的勝利者就是洛克菲勒。

克拉克之所以敢應下這場戰爭，主要是因為他覺得洛克菲勒不可能一下子拿出那麼多資金。只是，令他沒想到的是，在這之前，洛克菲勒就已經和支持他的幾家銀行疏通好了關係，有了銀行的支持，洛克菲勒自然也就胸有成竹，沒有什麼可怕的了。

所以，洛克菲勒才會有勇氣應對克拉克的威脅。拍賣那天，洛克菲勒以 7.25 萬元買下了該公司。至此，洛克菲勒擁有了當時克利夫蘭最大的煉油廠了。

·第 3 章·

努力工作是一個人在一生中最明智的投資！

如果你視工作為一種樂趣，
人生就是敞亮的天堂；
如果你視工作為一種義務，
人生就是黑暗的地獄。
——約翰·D·洛克菲勒

1．設計運氣，就是設計人生

洛克菲勒在休伊特．塔特爾公司上了幾個月的班後，也學到了很多為人處世的方法。雖然當時的洛克菲勒並不明白，這些所謂的方法會對自己的人生產生什麼樣的影響，但是那個時候的洛克菲勒已經開始思考人生事業了。

他想要創業，但是現實情況是，他沒有錢，資產幾乎為零，這樣的條件讓他創業的希望很是渺茫。不過，洛克菲勒並不是認命的人，在這樣的前提下，他開始了各種嘗試：從不需要太多資金的小生意做起。但是市場上的小企業多如牛毛，而且動不動就會被大企業吞併。如果向銀行貸款，可是貸款需要擔保人，唯一可以幫助洛克菲勒的關鍵人物——父親。還是一個很難說話的怪老頭，如果僅僅是憑藉個人的信譽，洛克菲勒認為自己的工作和職位可以獲得銀行的信任，但是拿自己當自己的擔保人就說不過去了。

這時，老闆休伊特和塔特爾給洛克菲勒帶來了靈感，也許我可以試試與人合夥的方式。因為他知道自己的老闆塔特爾就是利用休伊特的資金經營的，而休伊特則借助

了塔特爾在交通界和政府的人脈資源。這給洛克菲勒帶來了很多啟示。他相信，也許自己做得不是最好的，但是我卻懂得怎麼抓住機會賺大錢。

此後，洛克菲勒與夥伴合夥做生意的方式成了基本形式。第一家個人公司克拉克・洛克菲勒便是與克拉克合夥經營的公司，後來因為資金緊張，新加入的夥伴喬治・加德納取代了洛克菲勒的位置，公司名稱變更為克拉克・加德納，但這並沒有對洛克菲勒產生什麼大的干擾情緒。因為在洛克菲勒的心裡，公司最重要的還是公司的發展前景。再到後來，因為與克拉克和加德納的經營理念不一致，洛克菲勒只能選擇離開，這一次他選擇與安德魯斯開展了合作。

一八六五年2月15日，《克利夫蘭先驅報》上面刊登了這樣的內容：「合夥啟事——本啟事簽署人以買下安德魯斯・克拉克公司在伊克塞爾西亞煉油廠的全部股份及該場所有的油桶、原油和其他存貨，並以洛克菲勒・安德魯斯公司的名義繼續經營。」

對於洛克菲勒來說，成為一個成功的商人不僅是他的目標，還是對他能力的一種挑戰。要想承擔起這項責任，實現自己的理想，洛克菲勒明白，只有使自己各方面的

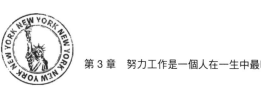

能力達標，才能獲得最大的成績。他已經做好了戰勝自己弱點的準備，他有計劃地在這幾個方面做了加強工作。

擁有看透事物本質的眼光是最基本的能力，不管是與人交往還是尋找商機，能夠準確把握其特點，洞察其發展趨勢，對於投資經商極有好處。

父親大比爾已經在生活中給洛克菲勒帶來了潛移默化的啟蒙影響，對金錢的渴望和重視、對經營的認識、以做生意時的小手段，這些都被洛克菲勒看在眼裡、記在心裡，還進行了簡單的初體驗。在休伊特公司上班時，洛克菲勒的以接觸正式的商業項目，並深入了解到某些行業的發展動態。

自己親自去考察體驗也是幫助形成敏銳眼光的好方法。當石油開採和提煉業以異軍突起的姿態進入人們視野的時候，洛克菲勒急忙抽出時間去油田進行實地考察，他查看油質、開採商數量、周圍交通狀況，通過詳細的勘察，他終於得出了正確的投資結論。

年少時期的洛克菲勒也時常會為自己取得的一些小成績而感到興奮，有時候他會高興地想要跳著走路，只是害怕摔倒或者被熟人認出，他才會控制著自己的行為。為

了使自己能夠更穩重成熟些，洛克菲勒通過定期反省和寫日記來時刻提醒自己。

培養堅強的意志也是洛克菲勒改造自己的重要內容。要知道，沒有一件事情是不費吹灰之力就能很好完成的。精神的力量是萬能的，這種意志力尤其能在遇到困難的時候幫助我們渡過痛苦的時期，使我們充滿不滅的激情。

洛克菲勒對於創業一直是保持著高度的熱情和動力的，也正是極度渴望財富和成功，他的忍耐力亦是非比尋常，在多次面對對手競爭的時候，他絲毫不泄氣，哪怕是輸也要光榮一戰。

規避自身缺點就是發揮個人優勢，與其說是效仿他人取得的成功，倒不如說是自己與自身缺點鬥爭後取得的勝利。也許這些因素還遠遠不能使一個人成為風雲人物，但是成功不是一個明確的概念，每個人都有對它的解釋，其實只要超越昨天的自己，就是一種成功。

安德魯斯其實是克拉克的同鄉，他們的家族都來自英國威爾特郡。安德魯斯從小喜歡研究機械，後來自學成為化學家。此時，他在克利夫蘭一家油脂提煉廠工作，有著豐富的煉油經驗。一八六〇年，就是他利用十桶原油，生產出了克利夫蘭當地第一批以石油為原材料的煤油。這個成就讓他欣喜若狂，因為他深知，這種煤油會超越其他任何照明材料，登上備受推崇的寶座。

然而，安德魯斯確實只適合做技術研究。此時，他家境窘迫，甚至還需要妻了為別人縫補衣服來補貼家用。為了尋求資金：安德魯斯在一八六二年找到了克拉克和洛克菲勒。

當時克拉克對他的想法不屑一顧，他靠在椅子上，直截了當說道：「安德魯斯，這事沒希望，除了用來做生意的資金，我和約翰在一起也拿不出二百五十美元來。我們的經營資金，還要還銀行貸款，還要向貨主付定金、買保險、交房租……」

安德魯斯並沒有放棄，他抱著試試看的想法，推開了洛克菲勒辦公室的門。多年前，他就在伊利大街浸禮會佈道教堂認識了約翰•洛克菲勒，他知道這個同齡人不僅熱心、誠信，而且有著敏銳的商業頭腦。

果然，在詳細聽完安德魯斯提出的研發細節描述後，洛克菸勒怦然心動，他決定相信這個朋友。同時，他手中也有投資鐵路股票所賺來的利潤，能夠拿出來投資安德魯斯。

看到洛克菲勒答應，克拉克也就勉強同意參加，兩人共投資了四千美元的起步資金給安德魯斯。一八六三年，新建的煉油企業安德魯斯·克拉克公司正式成立，廠房設在一條名叫金斯伯里的小河畔的紅土斜坡上，利用窄窄的水路，油品可以透過凱霍加河，直達伊利湖，並運送到克利夫蘭。此外，一八六年十一月，克利夫蘭同紐約市之間又有了鐵路連接，這意味著整個賓州油田區域同外界的連接都擴大了。

同一年，《解放黑人奴隸宣言》發布，聯邦軍隊在葛底斯堡和維克斯堡取得了重大勝利，南北戰爭形勢出現轉折，農產品需求因為戰爭走向而保持旺盛。除了忙相關生意洛克菲勒還抓緊時機，完成了婚姻大事。

2．立業成家

從一八五四年起，洛克菲勒就開始了與羅拉·斯佩爾曼小姐建立戀愛關係。羅拉小姐雖然沒有傾國傾城的美貌容姿，卻有著優雅過人的氣質、大家閨秀的背景。蘿拉的父親一直在克利夫蘭經營著威士忌酒業，其經營範圍遠達西部，是不折不扣的十分可靠的靠山。

一八六四年九月，在十年戀愛之後，洛克菲勒和蘿拉舉行了正式婚禮。看著能力出眾的女婿，岳丈非常高興，特意向煉油廠投資了六萬美元，另外，還專門資助給新人九萬美元的流動資金。當然，洛克菲勒也沒有愧對如此厚愛，終其一生，儘管他在商業生涯中遭到各種詬病，卻無人找到其私生活上任何把柄，他真正貫徹了結婚誓詞：在漫長的歲月中，不管名聲多麼顯赫，不管貧窮還是富裕，都會始終忠於她。

實際上，洛克菲勒將絕大部分時間和精力都集中在生意上，對於男女之情，他有句名言：「和女人逢場作戲，既要花費金錢，又要浪費寶貴的時間，簡直太不合算！」岳丈的投資，並沒有讓洛克菲勒相信新煉油廠能帶來多少利潤，受克拉克影響，他也覺得這只不過是副業投資。然而，情況的演變迅猛異常，隨著克利夫蘭一帶煉油廠數量越來越多，洛克菲勒不由得開始關注這個新興產業，更多地參與到煉油廠的運作中。

在隨後的日子裡，煉油廠的工人幾乎每天都能看到洛克菲勒的身影。早晨六點半，他就走到製桶廠房，和工人們將油桶一個個推出來，然後把桶箍堆在一起，或者

是指揮車將木屑運走。

同時，他對工廠的管理非常地嚴格執行，從不願意浪費一丁點利潤，比如石油在提煉之後，殘留物中包含硫酸，洛克菲勒最先發現其價值，並親自製訂計畫，用它們來生產化肥。當他發現管道工在開出的材料帳單上做了一處手腳，他就馬上告訴安德魯斯，月底前改由公司自己來買管子、連接介面和一切其他管道材料，只需要重新雇一個工人來安裝。同時，煉油廠還自己負責裝運貨物，以便節約成本。

起初，煉油廠還需要購買乾燥和嚴實的油桶，但當洛克菲勒直接參與管理後，情況就變了。他要求工廠自行生產油桶，再刷上藍漆，這個舉措能為每個桶節省一・五美元的成本。其他製桶廠都是買來溼木材，再運到廠房裡加工，但洛克菲勒卻要求伐木工必須將橡樹在樹林裡鋸倒，然後在窯裡烘乾，以便減輕重量、節約運費。這些精心的管理舉措背後，是洛克菲勒不斷付出的心血與精力。那時他和弟弟威廉睡在一塊，威廉經常在深夜裡被他推醒，一片漆黑中，威廉看到哥帝的雙眼發亮：「我正在盤算這個計畫……你覺得怎麼樣？」而威廉經常根本沒有耐心聽下去，他只能投降地說道：「明天早上再說吧，我現在只想睡覺。」而生意甚至會占據洛克菲勒家庭的早餐時間，妹妹瑪麗・安發現，雖然克拉克和安德魯斯部比洛克菲勒年紀大，但好像根本離不開他，經常在洛克菲勒吃早飯的時候，就直接闖進餐廳，開始熱切地討論石油方面的事。瑪麗私下抱怨說，這樣的話題自己簡直聽膩了，每天早上都希望能聽到些別的事。

作為企業主，洛克菲勒並不只是制訂計畫，他也會身先士卒。由於市場情況起伏很大，他時常督促向紐約發運原油的速度，並親自跑到鐵上為貨運員們加油。在運輸最為繁忙的時候，他夜以繼日地待在貨車旁，還不顧危險地跑上貨車車廂頂，不斷催促工人們加快速度。

雖然外人很難理解，但洛克菲勒確實對煉油廠事業有著近乎宗教般的熱情。許多熟悉他的人在看見他如何照料工廠時，都會不由自主地想到前些年他打掃教堂時的模樣。每當他拿下一筆大訂單，都會展現出全然不同的激情面貌。在熱誠和精心的管理下，不到一年，煉油業務帶來的利潤，就超過了農產品貿易。雖然石油業剛起步，市場又變化莫測，但從此之後，洛克菲勒的石油企業從來沒有虧損過。

3・無知是一種罪惡

在現實生活中，一些人是真的懂，一些人是真的不懂，還有一些人卻喜歡不懂裝懂。最後一類人將不懂看成了「罪惡」。在他們心中，不懂是一件很可恥的事情，所以在別人面前，他們選擇遮掩和隱瞞。這一類人就屬於自作聰明，最後聰明反被聰明誤，倒是耽誤了自己的前程。

洛克菲勒曾經說過：沒有知識的人終無大用，但有知識的人很可能成為知識的奴隸。每個人都需要知道，一切的知識都會轉化成先入為主的觀念，結果是形成一邊倒的保守心理，認為「我懂」「我了解」「社會本來就是這樣」。有了「懂」的感覺，就會缺乏想要知道的興趣，沒有興趣就將喪失前進的動力，等待他的也只剩下百無聊賴了。

這就是因為不懂才成功的道理。但是，受自尊心、榮譽感的支配，很多有知識的人對「不懂」總是難以啟齒，好像向別人請教，表示自己不懂，是見不得人的事，甚至把不懂當罪惡。這是自作聰明，這種人永遠都不會理解那句偉大的格言——每一次說不懂的機會，都會成為我們人生的轉折點。同樣，如果你不懂裝懂的話，誤事是小，害命為大了。

雖然出身比較貧窮，但是洛克菲勒對禮貌和穿著十分重視，不求穿多麼貴重的衣服，只求乾淨、整齊、得體。洛克菲勒非常厭惡那些頭腦簡單、挺著肚子說著粗話的大老闆——石油生產商，可為了工作，他不得不面對這些沒有禮貌的家伙們。有時候，他為了更深入去了解工作，經常坐長時間的車去外地油田，穿著高筒雨靴到泥濘不堪的生產一線，忍受著石油刺鼻的氣味，去了解石油質量、產量和蘊藏量等各方面資料。

這個時候，南北進入尾聲。四月份，羅伯特・李將軍正式向北軍統帥格蘭特投降，隨後，林肯總統遇刺。整個克利夫蘭陷入悲痛之中，洛克菲勒同樣也感到震驚與哀傷。但時局的任何變化，都無法影響這個商人在事業上的崛起。

現在，洛克菲勒・安德魯斯公司在蘇必利爾大街上一棟磚房內正式開張，這家公司實際上由洛克菲勒擔任唯一老闆，安德魯斯只是位技術人員。公司辦公室位於二

樓，從洛克菲勒的辦公桌後，就能看見綿延悠長的凱霍加河。在剛剛擔任記帳員時，他就能在自己的座位上，眺望到河上絡繹不絕的運輸船隊，如今時過境遷，現在那一艘艘駛出港口的駁船，承載的都是從他的煉油廠內生產的油桶。由這裡開始，洛克菲勒的石油與夢想，將走向全美國，走向全世界。

有人爭取自由，只是為了得到更多享樂空間；有人爭取自由，則是為了放飛夢想的翅膀。洛克菲勒顯然是後一種人。

一八六五年，他儼然已經是成功的商人，留著落腮鬍子，身材修長，有一頭微微發紅的金髮，待人接物都有著精英派頭。這年十二月，他和安德魯斯又合夥開張了第二家煉油廠，並將之命名為「標準煉油廠」，直接負責人是他的弟弟威廉‧洛克菲勒。新的標準煉油廠和原有煉油廠一起，共同確立了洛克菲勒身為克利夫蘭第一大煉油廠主的地位。

即便如此，這兩家煉油廠看起來也並不壯觀，它們只是一群並不起眼的建築，佈置得雜亂無章，分布在山腰上，顯得低矮而淩亂。洛克菲勒就經常背著雙手，在這些廠房之間巡視，其中每個角落，都可能出現他的身影，對管理運作中最小的細節，他

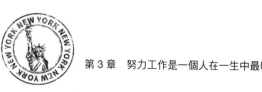

都會加以檢查。每當發現員工在打掃那些看起來不起眼的角落，他都會微笑地加以表揚，說這樣的員工才優秀。

為了分擔自己巡視廠房的責任，洛克菲勒專門雇了個工頭，名叫安布羅斯・麥克雷格。這個人嚴謹細緻、老實可靠，而且不愛和人交徐，這些都讓洛克菲勒非常信任他。由於廠區離城裡比較遠，他倆經常會在附近的瓊斯太太家用餐。因卻他們身上散發出油汙的味道，讓一起用餐者感到難以忍受，所以他們只能躲到門廳裡向去吃飯。

洛克菲勒並不在乎吃飯的地方，他知道，此時是企業發展的最佳時機，自己無暇他顧，更不會去貪圖享受。在這段時間內，他整天部待在工廠裡，親白指揮基層的煉油工人進行操作。當公司要向紐約方面的客戶發送貨物時，他又親自跑到鐵路旁，為貨運員打氣。不論白天還是夜晚，只要標準石油公司的貨運列車來到，人們都可能看見那高大的身影出現在車站，有時候，這身影甚至還跳上貨車車廂頂部來回奔跑，催促著車下的小夥子加快技運進度。

洛克菲勒如此緊張地投入工作，並非沒有原因。那時，誰也不清楚賓州油井還能開採到什麼時候，有傳聞說，油井很快就要枯竭，所有的工廠都會面臨倒閉的危險。

當時，賓州的採油企業主們分為了兩類：其中一類人認為，石油採掘行業的興盛。不過是類似於淘金潮的投機行為，遲早會曇花一現，從盛開走向枯萎。因此，他們只希望儘快獲利轉手脫身。

生活就是一場競賽，坐以待斃的人只能被淘汰，而我們所能做的也必須要做的就是繼續向前走，毫不猶豫地向前走。

在商場上，坐以待斃就等於宣告死亡和投降，要想逃過這樣的命運，立刻行動，奮起反擊，拼死抵抗。只有這樣，你才能為你的事業贏得一線生機，才能夠讓你的企業在商場上佔有一席之地。

商場霸主洛克菲勒就是這樣的人。面對商海沉浮，他所能想到的並不是退出，而是要戰鬥，並且是立刻戰鬥。洛克菲勒曾經說過：「積極行動是我身上的另一個標識，我從不喜歡紙上談兵。因為我知道，沒有行動就沒有結果，世界上沒有哪一件東西不是由一個個想法付諸實施所得來的。人只要活著，就必須考慮行動。如果你不採取行動的話，就算是最美麗、最實用的哲學，也是無用的。」

石油行業剛興起時，利潤高、成本低，這也引起了很多人的注意。一些其他行業的人紛紛下海，想要從中分得一杯羹。大量人力的投入，並沒有促進石油產業的發展，反而造成了石油產業衰退的狀況。

競爭激烈，石油價格急劇下降，幾乎毫無利潤可言，這對於石油商來說，可謂是天大的災難。在當時，大部分的煉油廠都出現了虧損的狀況。更加嚴重的是，這種情況並沒有嚇退那些瘋狂的開採者，他們還在不停地開採著，整個石油產業陷入一種惡的循環……

4．危機才會帶來轉機

洛克菲勒則站在另一類人的中間，他認為，石油是術來經濟發展的持續基礎。每當他想到未來油田有可能枯竭時，他就乾脆轉而向宗教信仰尋求寄託，他甚至認為，石油業的未來並不是人力所能評價與控制的，而只能是掌握在神的手中。

人們無從得知，在那時的每個深夜中，洛克菲勒怎樣虔誠地與上帝進行溝通。但

他為石油生意奔波的軌跡卻覆蓋了更大範圍。從一八六五年開始，他經常穿著破舊的採油工作服，前往賓州的佛蘭克林，他的公司在那裡專門設立了採購石油原料的辦事處，從而節省中間管道的成本。每次當他從那裡回來時，公司上下的員工，都能切身感受到他身上散發出的熾熱活力，他甚至不用說話，單憑雙眼放光的神情，就能打消身邊每個人對這一行業前景原本產生的疑慮和焦躁。

為了不落後於持有積極觀點的同行，洛克菲勒開始注意美國以外的龐大市場。那時，除了賓州西北部這片丘陵地帶，整個北美其他地區的石油儲量尚未被探明。因此，當地這些看似不起眼的煉油廠，足以能代表美國在全世界相關市場上占據著重要地位。

在歐洲，各個國家都積極地從美國進口煤油，南北戰爭期間，美國每年都會出口數十萬桶。到一八六六年，克利夫蘭所生產的將近三分之二的煤油，都經由紐約出口到了海外。

洛克菲勒立刻意識到，透過向國外出口來擴大市場，是非常明智的選擇。他知道，這項工作充滿艱難，必須進行大規模的開發工作。為此，他在一八六六年派弟弟威廉，到紐約組建公司，負責煉油廠的出口業務。

臨行前，洛克菲勒向威廉交代了重要的任務：只要煤油出口價格突然下跌，就及時通知公司安排在油區的買手，暫時削減原油的買入量。

這項任務的設計，體現出洛克菲勒思維的過人之處。他幾乎是所有企業主中，第一個認為出口市場會對油價產生決定性影響的人。

此前，每當賓州打出一口新的油井，歐洲買家所專門安排的高效關係網，就會切刻將消息傳送到紐約。這樣，他們就能及時預見油價的下跌，從而暫時停止購買。而洛克菲勒交給弟弟的任務，正是反其道而行之，經過觀察出口價格波動，來決定企業的生產量。必須承認，採取這樣的策略，說明洛克菲勒充滿了創新的大膽勇氣。

威廉聽了兄長的指示，在紐約珍珠大街一八一號，租下幾間不起眼的房間，設立了辦事處。之所以選擇這裡，是因為這兒距離華爾街夠近，便於隨時了解出口價格。

實際上，在紐約設立辦事處，這一策略與自造油桶、自製硫酸等方法結合起來，共同組成了洛克菲勒苦心打造的垂直管理體系。

此時，他所努力尋求和完成的，正是將來人們會發現的「壟斷手法」，即讓公司

從弱小時開始，就盡可能地形成自給自足的特徵，只要是能夠自行完成的組成項目，他都不願意有其他任何企業從中染指賺錢。

這種封閉管理體系，確實讓處於發展早期的洛克菲勒公司大受裨益。由於成本被有效地壓縮，再加上威廉在華爾街附近迅速鋪設的價格資訊網，使煉油廠的利潤逐年增加。

與此同時，洛克菲勒也不可避免地開始更多地求助於銀行家。雖然當年老隱退時，他已經有資格對新生代金融家表現出懷疑，甚至對晚輩吹噓說在自己的創業過程中，極少舉債發展，而是憑藉保守的理財之道獲得成就，但那時，他卻不得不經常和銀行家打交道。很多時候，在晚上就寢前，他還在擔心手中小小的煉油廠是否有能力償還巨額借款，但一宿之後他又鼓足精神，決定再去尋求更多的貸款。

此時，在南北戰爭結束後，美國發行了新的綠背紙幣。新建的全國性銀行系統，也開始大量發放貸款，刺激戰後經濟的發展。洛克菲勒抓住了流動性提升的機會，從克利夫蘭的那些大銀行家手中，借到一筆又一筆巨額貸款。洛克菲勒知道包裝的重要性，他懂得如何將自己和企業打造成希望之星，讓銀行覺得錯過他，就是錯過營利的機會。

一次，洛克菲勒夫拜訪銀行家威廉・奥迪斯。奥迪斯曾經允諾，洛克菲勒可以獲得最高的貸款額度。但今天，他卻雙眉緊鎖，質疑洛克菲勒的來意。

洛克菲勒很快弄清楚，原來，銀行裡的部分董事對他的償還能力表示擔憂。這種擔憂也影響了奥迪斯。

於是，洛克菲勒不緊不慢地說道：「奥迪斯先生，我可是在任何時候都非常樂意展示我的償還能力。不過，下週，我就需要更多的錢。當然，我可以把我的企業交給你們銀行，因為我很快就能籌到另一筆資金去投資。」

這段話不卑不亢而意味深長。說完後，洛克菲勒就閉上了嘴，雙眼緊盯著奥迪斯，等待他做出反應。

奥迪斯當然不打算接手他完全不懂行的煉油廠，看到洛克菲勒如此自信，他改變了主意，又批了下一筆新的貸款。

在企業迅猛發展的時期內，洛克菲勒雖然急迫地需求資金血液，但他從來不因為壓力而向人搖尾乞憐。他知道，如果銀行家們變得神經緊張，那麼自己最好的辦法就

是安之若素。

某個晴朗的早晨，洛克菲勒走出家門，急匆匆趕往公閉。他表情嚴肅，腦海中全都是如何借到急用的一萬五千美元。恰巧，迎面走來了當地一位銀行家，兩人互相致意後，銀行家停下腳步說道：「洛克菲勒先生，您現在需不需要借五萬美元？」

洛克菲勒馬上心領神會，但他並沒有表現出任何驚喜，而是反覆打量著對方，又慢條斯理地說道：「嗯……您給我二十四小時，我考慮下再答覆您。」

這樣高超的表演，讓洛克菲勒以最優惠的利率，拿到了這筆從天而降的借款。

不過，如果以為洛克菲勒只是依靠演技獲得貸款，未免也失之偏頗。

5．有自信，才能讓他人信任

他在浸禮會教會中的無私表現堪稱楷模，讓許多銀行家對其人格深信不疑。而當他面對銀行的詢問時，也總是堅持說真話，從來不會捏造事實或含糊其詞。最關鍵的是，洛克菲勒將信用看作生命，總是及時迅速地還帳。

由於深受信任，洛克菲勒在這段時間內多次依靠銀行的力量，從危機陰影中脫身。其中，他印象最深的一次，是煉油廠失火賠償問題。

那時，煉油廠企業主們最為擔心的事情不是價格波動，而是揮發性氣體著火。由於安全技術水準的限制，油罐並不像後來那樣被設置在河岸邊的泥地中，因此一旦著火，火勢很快就會燒到附近的油罐，形成一片火海。另外，此時連最早的汽車都還沒有出現，誰也不知道原油表面那層漂浮物可以做什麼，許多基層煉油工人只能將這些「沒用的產品」偷偷倒進河水，由於不斷傾倒，成百萬桶的汽油都順水流往下游，連河岸土壤都被浸透了。這導致整條河水都變得易燃，甚至只要在蒸汽船上將燃煤扔到河裡，水面上都會騰起一片火苗。

最早在賓州發現石油的德雷克，其油井就在一八五九年秋天被大火燒毀。南北戰爭時期，賓州油田區域陸續發生了多次突如其來的重大火災，許多企業主都擔心在清晨醒來時會接到煉油廠被夷為平地的噩耗，那意味著之前所有的投資都被付之一炬。

但是，人總不可能終日緊張。見過了幾次大火，此後無論誰家的煉油廠付之一炬，都不會讓其他企業主感到驚訝。洛克菲勒對此則更為淡定，他後來回首往事時

說：「那時候，只要火警鐘聲一響，不管是誰都會去幫那家煉油廠滅火。而當火還沒被撲滅的時候，我就已經幫著制訂重建工廠的計畫了。」

終於有一回，洛克菲勒公司旗下的一家煉油廠失火，損失雖然不算太大，但保險公司遲遲沒有給出賠償。消息傳到銀行，董事們隨即開會討論是否給他追加貸款，支持和反對者針鋒相對，相持不下。此時，董事斯蒂爾曼‧威特挺身而出，他讓手下的職員拿來其個人保險箱，放在會議桌上，慨然說道：「先生們，請聽我說，這些年輕人都是優秀的。如果他們想要借更多的錢，我希望本行能夠毫不猶豫地借給他們。如果你們想要保險一些，這裡就有，請想拿多少就拿多少吧。」

其他董事們面面相覷，最終同意了放給洛克菲勒更多的貸款。

如果不了解這一階段洛克菲勒和銀行之間的緊密聯繫，人們就無法理解他是如何取得了後來令人嘆服的長足進步。此後，無論是在經濟衰退期，還是經濟繁榮時代，洛克菲勒總是可以利用優良的固人信用，保有大量的備用現金。這一重要優勢，將會幫助他在隨後的眾多競爭場合中奪取勝利。

洛克菲勒說：「取得別人信任的最好辦法就是你要自信，這是我性格上的優勢。」試想一下，如果當時銀行家在詢問洛克菲勒的時候，他表現出來一副迫不及待、唯唯諾諾的模樣，即便最後能夠貸下款來，但是其所要付出的利息絕對比現在的要高。這也是洛克菲勒在商場這麼多年慣用的心理戰術——表面上的自信，也足以迷惑對手。

洛克菲勒還說：「我一定盡最大可能地讓我的手裡擁有足夠多的資金，這樣我才有取勝的可能。」那些成功者之所以可以成功，除了他們自身的能力外，很大一部分還因為他們能夠很好地利用銀行的關係。

所以，如果想要幹出一番大事業，就要善於利用別人的資源，善於抓住銀行這棵救命稻草。而那些故步自封的人，也只能局限在自己的一個小圈子內，永遠沒有進步的可能。

在很多人看來，借錢總歸不是一件好事。不管你是借錢生存也好，借錢創業也罷，都感覺是一件難以啟齒的事情。可你是否知道，在這個世界上，大部分的富翁都是靠著借錢發家致富的。如果沒有借貸這一項，那麼也就不會有那麼多大富豪了。

在成功的道路上，借錢是不可避免的事情。如果你害怕借錢，害怕會在這個冒險的世界中輸掉，害怕你所要面臨的巨額債務，那麼你也就不可能有成功的那一天。就連富可敵國的洛克菲勒，在他創業乃至成功之後的生活中，借來的資金也占據了很大的比例。

在洛克菲勒看來，借錢不是件壞事，它不會讓你破產，只要你不把它看成像救生圈一樣，只在出現危機的時候使用，而應該把它看成是一種有力的工具，你就可以用它來開創機會。否則，你就會陷入恐懼失敗的泥潭，讓恐懼束縛住你本可大展宏圖的雙臂，以致終無所成。同時，他認為不借錢的人是很難走向成功的。借錢是為了給自己創造好運，借錢也是為了給自己鋪平成功的道路。所以，不要害怕借貸，也不要將借貸看作讓人驚恐的負擔。相反，我們應該利用好借貸，將借貸的力量發揮到實處，只有這樣，你才能夠真正利用借貸為你的成功服務。

此外，借貸成功的關鍵，就是你的信譽。

信譽，是人立足之本。有了信譽，你才有機會，你才有可能成功。洛克菲勒說：「成功的希望就掌握在你的手中，而這種希望就包括你手裡的信譽。」香港首富李嘉誠也說過，在生意場上，自己就是最好的擔保人。證明自己值得信賴，就是促使合作成功的最好良藥。

生活從來都不是大風大浪般的轟轟烈烈，而是由一點一滴的水滴組成的大河，每一滴的快樂構成了生活的宏偉篇章。洛克菲勒很重視生活和工作中每一個細節的快樂，並把這種樂觀的精神傳遞給兒子約翰：天堂和地獄都由自己建造。如果你賦予工作意義，不論工作大小，你都會感到快樂，自我設定的成績不論高低，都會使人對工作產生樂趣。如果你不喜歡做的話，任何簡單的事都會變得困難、無趣，當你叫喊著這個工作很累人時，即使你不賣力氣，你也會感到精疲力竭，反之就大不相同。

事情就是這樣。如果你視工作為一種樂趣，人生就是天堂；如果你視工作為一種義務，人生就是地獄。

·第 4 章·

贏家永遠有兩個競爭者：一個是時間、一個是自己

真正的英雄是敢於戰死沙場的人，
而不是回來領勳章的人。

——郭台銘

1．誠實是對自己最好的投資

誠實是為人做事的基礎，人無信不立，經商不講誠實的原則也不會做得長久。在培養兒子小約翰的經商能力時，洛克菲勒在信中意味深長地寫道：「兒子，誠實是一種方法，一種策略。因為我支付誠實，所以我贏得了銀行家乃至更多人的信任，也因此渡過了一道道難關，踏上了快速的成功之路。今天，我無需再求助於任何一家銀行，我就是我自己的銀行，但我永遠都在感激那些曾經鼎力幫助過我的銀行家們。」

做出不誠實的行為很簡單，因為不誠信而喪失一個人的信譽也同樣簡單；做出誠實的行為顯得很艱難，但堅守誠信所獲得的回報卻是巨大的。

洛克菲勒到了創業中期，有很多生意都是自主找上門的，這離不開洛克菲勒在前期所樹立的良好的信譽形象。這也讓洛克菲勒意識到，商場上的交往是以誠信為前提的。在商場你不講誠信的話，你將會錯失很多事業發展的機會。只有建立了信譽，你的成功、利潤才會隨之而來。

所以，對於一個創業者來說，信譽很重要，而對於一個已經成功的商人來說，信

譽則更加重要。守信能夠促進你的成功，失信則會加速你的滅亡。由此可見，不管做什麼事情，我們都應該將誠信放在第一位，這樣才能夠為接下來的事情順利進行。

洛克菲勒公司在規模在一八六七年三月，已大有長進，從克利夫蘭的《領導者》報中可見一斑：「洛克菲勒的公司，有一座大車庫，內可容納八輛原油裝卸貨車。此外，還有兩座可以儲存六千桶油的倉庫。整個工廠總共有十座煉油爐，日產量可達二百七十五桶。」

在煉油爐旁，安德魯斯埋頭於專長中，不斷革新和研製工藝。在他的主導下，出了新的提純方法：先將原油輸入煉油鍋爐內，升高溫度到華氏四百和五百度之間通過加熱管，進入精餾塔中冷凝，形成略帶黃色的藍色液體，隨後，再將它們注入大槽，用接近沸點的熱水來加熱，將再次蒸發的黃色氣體與亞硫酸氣混合，最後用活性碳酸鈉對混合氣體進行發光作業，就得到了可以提煉出精煉油的煤油產品。這套作業方法相比傳統提煉方法，有很大的進步，原油精煉過程中的浪費越來越少，提煉的效率則越來越高。

與此同時，洛克菲勒又為公司引進了新的合夥人——亨利·弗拉格勒。

弗拉格勒比洛克菲勒年長九歲，相貌堂堂、性格活潑、衣著時髦而精力充沛。他的身世和洛克菲勒有著相似之處：十四歲就離開學校，在一家鄉村小店裡幹活，南北戰爭開始後，他也投身於農產品貿易，並因此結識了洛克菲勒。

後來，正是經由弗拉格勒的介紹，洛克菲勒得到了富豪史蒂芬・哈里斯的投資，哈里斯同意投資十萬美元到新公司裡，但條件是讓弗拉格勒出任財務主管和他本人在公司的代表。由於哈里斯同時也是多家銀行、鐵路、礦業、房產和製造公司的董事，這層關係無疑能讓洛克菲勒走進新的資本天地，他非常樂意地接受了對方的條件。從弗拉格勒加入開始，新企業改名叫洛克菲勒・安德魯斯・弗拉格勒公司，此後，洛克菲勒和弗拉格勒的共事友誼將延續幾十年。

弗拉格勒也很喜歡數字，同時對生意充滿熱情，他曾經遭受過失敗的考驗，因此對一路順遂的洛克菲勒頗有幫助。正如同弗拉格勒所說的那樣，建立在生意上的友情，勝過建立在友情上的生意。

這兩個年輕人每天都會先見面，然後一起步行去公司，一起去吃午飯，再一起回來，晚上又一起回家。哪怕是在來回步行的路上，他們都會共同思考和討論，並最終

制訂計畫，更不用說在辦公室裡，他們會聯手撰寫業務信函，相互交換初稿並修改，直到雙方都認為妥當才行。

正是在弗拉格勒的協助之下，洛克菲勒才成功地拿下創業生涯前期一個精彩的戰役——運費折扣之戰。

眾所周知，有關石油的一切，都離不開運輸。但由於最初發現石油的地點偏遠，很多年來，石油行業都被運輸行業牢牢壓制，連馬車夫都可以隨便加價，更不用說整個傲慢的鐵路行業。

幸運的是，洛克菲勒的煉油廠在克利夫蘭。在夏天，他可以利用水路運油，這讓他有了很大底氣與鐵路公司討價還價。另外，克利夫蘭有鐵路通往芝加哥、聖路易斯、辛辛那提，還有三條鐵路通往紐約、費城、哈里斯堡和匹茲堡等地，是十分便利的交通樞紐。利用這種優勢，洛克菲勒和弗拉格勒周旋在不同的鐵路公司之間，用智謀和手段來壓低價格。

當時，美國有三大鐵路系統：賓州鐵路系統、紐約中央鐵路和大西洋西部鐵路。其中實力最為雄厚的，是坐擁紐約中央鐵路的商業大亨范德比爾特。范德比爾特是投機老手，他精明而強橫，善於空手套白狼。他總是能拿到政府免費提供的開發土地，然後大肆拍賣或自建鐵路。

在石油工業興起之前，鐵路主要靠運送郵件賺錢。但無論是聯邦還是州立郵政，都要遵守美國商法。於是，范德比爾特利用金錢和人脈，操縱議員在議會上提出並通過有利於他的郵件立法，然後，他大肆虛報每輛郵車的運郵量和成本金額。於是，政府最終花費了十幾倍的資金，購買了中央鐵路公司託運郵件的服務。僅此一項，紐約中央鐵路每年就能從中獲利二千多萬美元。

當范德比爾特鞏固了紐約中央鐵路的地盤之後，就開始盤算著控制從紐約到芝加哥的線路，從而進一步實現控制全美鐵路的野心。

在地圖上，范德比爾特很快發現了伊利鐵路，這條鐵路是連接紐約和芝加哥的最短線路。為了佔有伊利鐵路，他開始大量購進該鐵路的股票，並為此向曾經合作過的華爾街投機家迪爾籌款。不料，迪爾也是伊利鐵路的股東之一，他借出錢後不久發現，自己的股權居然被對方獲取了，惱羞成怒的他求助於另一位鐵路大亨：喬伊・古爾德。

人們說，古爾德幾乎是范德比爾特的翻版。他同樣是南北戰爭時期的暴發戶，依靠倒賣皮革起家之後，到處巧取豪奪，曾經用逼迫企業主自殺的方式，奪去了一家皮革公司。用經營皮革公司的錢，他也在紐約州投資小鐵路，並不斷試圖擴大規模。

古爾德聽說了范德比爾特的動向，立刻搶先一步，給相關議員們以更大的賄賂。結果，他的突襲大獲成功，獲取了伊利鐵路這塊「肥肉」。就這樣，范德比爾特和古爾德徹底破裂，矛盾完全公開。作為報復，范德比爾特拿下了僅次於伊利鐵路的湖濱鐵路，算是留下了對抗的籌碼。對此，始終關心鐵路業的洛克菲勒，自然全都看在眼裡，他知道，其中必然蘊藏著公司發展的新機會。

這天，他和弗拉格勒在辦公室討論起公司發展的未來。弗拉格勒說：「相對原油產地，我們煉油企業畢竟處於下游，如果原料產地控制價格，我們就會相當被動。」洛克菲勒很認同這一點，他說：「我們必須要從自己的下游裡面找到優勢，比如說，鐵路運輸價格。」「你有什麼好的想法？」弗拉格勒投來狡黠的目光。「我打算，找鐵路公司簽訂合約，承諾只使用一家公司的貨運能力，但他們必須要給我們折扣。這樣一來……」「這樣一來，鐵路公司的老頭子們，一定會盲目競爭！」弗拉格勒搶先回答說，他的眼神裡閃爍著自信的光芒。

洛克菲勒讚賞地看著合夥人，雖然兩個人從未相互交流過這方面的意見，但思維的軌跡，卻在此時彙聚到同一焦點。他們不約而同地將目光投向牆上那幅美國東部地圖，在那裡，有著這家公司註定偉大的未來之路。

經過一番祕密籌畫，洛克菲勒決定，讓弗拉格勒去執行最重要的使命。為了有效降低運輸成本，弗拉格勒必須要努力說服兩大鐵路系統，讓其答應將相關鐵路上所有裝運石油的油罐列車和油桶，全部由公司包租下來。

這是洛克菲勒特有的大手筆規劃，如果真的做到，用不了多久，同樣需要運輸力量的競爭對手就會發現，運油路線上已經沒有一輛列車可以使用了。這意味著洛克菲勒幾乎扼殺了所有對手的生存線。不僅如此，這還意味著洛克菲勒將成為鐵路公司的唯一客戶，他將能夠在伊利鐵路和湖濱鐵路之間遊刃有餘，驅動二者進行慘烈競爭。

世界上沒有不透風的牆。賓州鐵路公司聽說了洛克菲勒的計畫，也派人前來磋商、談判。弗拉格勒面前的談判對手，突然變成了三家。

弗拉格勒雖然聰明，但此時也沒了主意。他前來請示洛克菲勒。

洛克菲勒的回答斬釘截鐵：「馬上拜訪湖濱鐵路公司的新任董事長迪貝爾，你可以告訴他，我們不打算再使用運河來輸送石油，而是會和他們簽訂合約，每天要租用六十車廂。」

「六十車廂！」弗拉格勒驚嘆了一聲，這是個相當龐大的數字。有這樣的主顧，湖濱鐵路不可能不動心。

洛克菲勒慢悠悠地說道：「弗拉格勒，只要我們拿到了租用證，就可以去和其他兩家繼續談判。但如果他們一開始不同意，我們就假裝要直接去另外兩家。相信我，為了利潤，他們一定會鬥起來的！」

果然，當湖濱鐵路董事長迪貝爾聽到這個數字後，也不由暗自驚嘆。當時，其他煉油企業幾乎都是臨時而瑣碎地租用車廂，有運輸業務時就聯繫鐵路方面，沒有業務時根本不予理會，而洛克菲勒張口就說每天要六十車廂，簡直是天大的生意。

抓住迪貝爾驚訝的機會，弗拉格勒提出了降低運費價格的要求。

當時，從油田到克利夫蘭所需的運費，普通定價為每桶○・四二美元，從克利夫蘭再到東海岸，精煉油運費是每桶二美元。對此，弗拉格勒說，看在每天六十車廂的份上，必須分別降到〇・三五和一・三美元。

迪貝爾沒有花多長時間計算，就答應了這個請求。他剛被范德比爾特派到湖濱鐵路不久，覺得這筆生意規模如此之大，在運價上優惠一點是值得的。於是，這筆生意就達成了。

聽說死對頭湖濱鐵路一下拿到了豐厚的訂單，古爾德坐不住了；立即派人前來談判。一八六八年春天，兩家公司達成了祕密交易，洛克菲勒在古爾德名下一個叫亞利加尼運輸公司的子公司中擁有股份。這是第一家為油溪服務的主要輸油管道交易公司。經過這次合作，洛克菲勒的公司在伊利鐵路上的運油費用下調了七五％，在克利夫蘭和油區之間的鐵路貨運價格上享受了十分優惠的待遇。

這兩次談判，結果對洛克菲勒無疑都是非常有利的。但他深知，鐵路方都是老謀深算的商界高手，並不那麼容易就範，因此在談判過程中，他也主動向對方提出了非常誘人的條件，作為對特殊優惠的回報。

例如，洛克菲勒同意，承擔運輸過程中發生火災和其他意外事故後的一切法律責任，他也宣佈同意，停止一切水路運輸。在每天六十車廂這一驚人的貨運量上，洛克

菲勒更是做出了「驚險的一躍」，實際上，他自己的煉油廠目前並不具備如此高的產量，他的計畫是，與克利夫蘭其他煉油廠進行協調，由他來牽頭組織，從而獲得穩定的貨運量。

鐵路公司當然對此求之不得。從技術上看，他們能因此發運統一的油罐車編組貨車，而不用對來自不同地點、不同貨物的車廂再次進行混合編組，僅僅這樣的變動，他們就能將火車往返紐約的平均用時從三十天減少到十天，還能把一個車組的車廂從一千八百個減少到六百個。

所以，洛克菲勒給鐵路公司帶去的不只是固定的大額訂單，更是迅速下降成本的貨運方式。對此，洛克菲勒非常清楚，自己創造的是前無古人的交易模式。這套交易模式的精髓在於，當市場平穩的時候，運費折扣可以壓低成本、增加群公司收人；當市場競爭激烈時，則可以樹立壁壘，讓企業完美打擊競爭者和追趕者。

洛克菲勒非常清楚，大多數工業行業成功的關鍵，在於控制核心流程、環節或專案。但另一方面，「控制」這個詞以及隨之而來的祕密契約、折扣價格，也毀掉了美國人所推崇的企業自由競爭精神。

今天看來，毀掉自由競爭精神的，或許並不是洛克菲勒一個人，也不是主動迎合他的鐵路公司，而是時代為石油和運輸兩大行業所提供的巨大平臺，沒有這樣的平臺，鐵路無法成為日後美國運輸石油的重要工具，同時，伴隨著鐵路發展，石油工業及其產品也迅速擴展到整個美洲大陸。

與此同時，更不能忽視的，是洛克菲勒控制力的根本來源——並不是有些後人所批評的「擅長欺詐和專抄捷徑」的惡棍，而是他所擁有的企業規模。在他獲得運費折扣之前，他就擁有了當時全世界最大的煉油企業，其產量總體相當於克利夫蘭其他三大煉油廠的總和。因此，讓他真正拿到優惠的，是他位居行業頂端的優勢。換言之，無論是誰坐到他的位置上，都會想方設法地促成這次交易。

雖然洛克菲勒和鐵路之間的交易帶給了雙方巨大的收益，但他們之間始終只有口頭協議，從來沒有寫到紙上。這樣，雙方事後都能夠輕而易舉地對此加以否認，不用擔心會流傳出去太多的不利證據。雖然如此，洛克菲勒並不將享受特殊折扣看成是違法行為，也不將其看作是壟斷企業所獨享的特殊優惠，他甚至說，所謂的價目表上標明的運費，全都是胡扯，只是討價還價的依據。

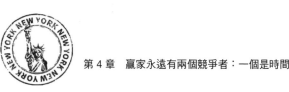

在這一點上，洛克菲勒並未說錯。確實，在他之前，就有煉油廠享受了鐵路公司給予的折扣，尤其是許多小煉油廠，也從賓州鐵路公司那裡得到過特殊優惠。

直到一八八七年，州際商業法生效，鐵路運費上的特殊折扣才被認定為非法行為。到一九〇三年埃爾金法頒布之後，這一做法才逐漸消失。洛克菲勒所做的事情，之所以在後來會引起巨大的批評，是因為從來沒有一家企業能像他那樣獲得如此之多的長久的優惠。

無論如何，與鐵路方面達成協議、獲得運費折扣，這是洛克菲勒在一八六九年取得的最大成就。他對此相當得意，但在短暫的興奮消失之後，他又開始重新冷靜地觀察市場，著眼解決更長遠的問題。

2・「狼道」啟動了——標準石油

一八六九年底，全美石油行業的競爭局面正在變得混亂不堪。

數年前，所有人都嗅到伴隨石油噴湧而出的金錢味道，上到投資者，下到小工匠，無一例外都醉心於採油、煉油。在四面八方的投入下，行業生產規模很快就超過了實際需要。到一八七〇年，實際煉油能力居然達到了採油總量的三倍。

煉油行業因此開始了普遍衰退。煉油價格一路下跌，新加入的煉油廠商吃驚地發現，原油和成品油之間的價差被壓縮到最低。即便如此，毫無退路的採油商和煉油商們，也完全無法停止生產的腳步，只能硬著頭皮繼續開動機器。此時，亞當・斯密在《國富論》中所推崇的市場調節原則，也明顯失去了效力。

來自同仁的壞消息，讓洛克菲勒擰緊了眉頭。他知道，覆巢之下無完卵，如果行業情勢惡化下去，即便自己再努力，也難以力挽狂瀾。經過深刻地思考，洛克菲勒決定出手，在拯救行業的同時也擴張實力。

洛克菲勒一針見血地看到了問題的關鍵。他認為，降低過剩的生產能力，才能穩定煉油價格。為此，必須建立真正的卡特爾（Cartel＝或稱獨占聯盟、獨占利益的壟斷集團），讓卡特爾來統一生產量和價格。

建立卡特爾，勢必需要先向公司內引人新的投資者，但誰又能保證，這些人參與到公司的營運管理之後，不會和自己搶奪控制權呢？

洛克菲勒是相當謹慎的，他想出了兩全其美的辦法：建立股份公司。

一八六九年底，洛克菲勒向合夥人們建議：由於公司已經超過有限的合夥經營範圍，按照法律，可以改為合資股份公司。弗拉格勒和安德魯斯認同並支持這個建議。

一八七〇年一月十日，標準石油股份有限公司在俄亥俄州正式成立。

在當時的技術水準下，很多客戶都擔心油品質量不純而引起爆炸。洛克菲勒延續了原有煉油廠的名字，希望能用「標準」二字，推廣良好的品牌形象。

由於成立了股份公司，股權結構得到了清晰的確定。新公司總資本額是一百萬美元，分成一萬股，每股價值一百美元。公司創始人共有五人，分別是：

董事長：約翰・D・洛克菲勒

副董事長：威廉・洛克菲勒

祕書兼會計：弗拉格勒

廠長：安德魯斯

另外，還有一位匿名幕後股東，就是弗拉格勒的叔父哈里斯，他不參與公司營運，而是在其他周邊事務上提供支援。

在股權分配上，洛克菲勒理所當然地佔有優先權，他總共握有二六六七股。哈里斯擁有一三三四股，其他三位股東分別佔有一三三三股，剩下的二〇〇〇股，全部贈送給了公司的合作者。

這家新成立的公司，此時已然實力不俗。它控制了全美一〇%的煉油業務，還有二一家油桶製造廠、幾家倉儲基地、一組油罐車和運輸硬體設施。洛克菲勒如同望子成龍的父親，對公司寄予了厚望。在隨後的一次會晤中，他毫不掩飾地告訴競爭對手：「總有一天，所有的煉油和製桶業務都要歸標準石油公司所有。」

為了實現這個夢想，洛克菲勒建議，從自己開始，公司所有負責人都不應該領取薪資，只能從公司的紅利和股票收益中獲得提成，這樣才能有足夠的壓力和動力去努力工作。這一決策被弗拉格勒執筆，寫入了公司條例中。後來人們發現，條例只是寫在廉價的法律公文紙上，紙張質地很差，看上去毫不起眼。

同樣毫不起眼的，還有公司環境。這家日後成為全世界最大托拉斯的公司，此時

在公共廣場旁四層樓房中一間不起眼的辦公室裡營運。洛克菲勒和弗拉格勒共用這間辦公室，裡面有四把黑色椅子、一張黑色皮沙發，此外只有冬季取暖用的壁爐。整間辦公室昏暗而壓抑，看上去很難和財富、雄心，地位聯繫在一起。但洛克菲勒對這樣的環境非常中意，他從來不希望用豪華奢侈來炫耀生意上的成就。

事實上，此時也的確沒有什麼好炫耀的。公司股份制之後的頭一年，投資者們依舊裹足不前，幾乎沒有人前來諮詢參與投資的事情。一方面，「黑色星期五」的華爾街金融恐慌浪潮，剛剛過去不到半年，許多有名的企業家心有餘悸。另一方面，人們對這家新公司有所懷疑，有人覺得洛克菲勒固然年少有成，但想要建立強大的卡特爾（或稱企業聯合、同業聯盟），終究還是會遭到重重阻力。

對懷疑的反擊很快用事實呈現。標準石油公司開業的第一年，洛克菲勒為公司的股票分配了一〇五％的紅利。一八七一年，公司宣佈分配了四〇％的紅利，此外還略有盈餘。

與此同時，有業環境繼續惡化，成品油整體價格下降了二五％。對此，洛克菲勒幾乎生平第一次感到信心搖動。他無可奈何地拋售了少數公司股份，這讓他的弟弟、副董事長威廉都感到吃驚：「你這麼著急拋售，讓我覺得有些不安。」

幸運的是，公司很快迎來了擴張的機會。

一八七一年，洛克菲勒找到了第一個吞併的獵物。對方是紐約一家主要的石油採購商，名叫波斯特維克－蒂爾福德公司。它擁有數量不菲的運輸船，還有一個大型的煉油廠。洛克菲勒果斷出價，買下這家公司，為標準石油在關鍵時刻帶來了強大的採購力量。隨後，他狡猾地耍了一招瞞天過海，將其重新命名為J・A・波斯特維克公司進行註冊，從而在法律上獨立於標準石油，但實際上卻是標準石油下屬部門之一。

這一招，在日後又會成為他被攻擊的重要理由：石油採購價格此時是由各交易所組成的辛迪加（syndicat 原義是組合，但也屬壟斷行為）來制定，而洛克菲勒這麼做，等於繞過了市場規矩。

隨著公司規模有所擴大，標準石油用事實證明了自己的實力，並很快吸入新血。

一八七二年一月一日，執行委員會通過決議，公司資本擴張到二百五十萬美元，第二天又擴張到了三百五十萬美元。新資本固然可喜，強勢的新股東更加可貴，他們中有好幾位來自克利夫蘭的銀行業界，有著豐富的商業、金融和管理經驗。在經濟不

景氣、行業競爭過度的時局下，洛克菲勒依然能吸引到這些同盟者，再一次向外界證明了其信心和能力。

在會議上，洛克菲勒意氣風發。他鄭重宣佈，一定要努力擴大標準石油公司，著手吸納更多投資者加人，從而對整個石油業產生保護作用。執行委員會回應了他的表態，順勢做出歷史性的決定：所有人同意從新的一年開始，收購克利夫蘭以及其他地區的部分煉油廠。

此時，一些敏感的戰友們或許已意識到，拿下克利夫蘭，只是洛克菲勒野心計畫的第一步，隨後他的目標將會是整個美國乃至全世界的石油行業。計畫能否成功，此時雖尚未可知，但洛克菲勒穩紮穩打的決策力與執行力，讓所有人感到心中有底。

伴隨著標準石油股份有限公司的新生和壯大，剛剛年過三十的洛克菲勒，開始大張旗鼓地走向壟斷的道路。但他並沒有想到，一場大西洋對岸的戰爭，差點改變了他的命運軌跡。

3．「托拉斯」的前菜——南方開發公司

一八七〇年夏天，普魯士鐵血宰相俾斯麥。他出生於容克貴族世家，擁護君主主義，主張以普魯士的強大武力實現德意志的統一。一八六七年，他領導普奧戰爭，打敗了奧地利，成立了北德意志聯邦。由於南德的幾個邦國受到法國國王拿破崙三世的阻撓，堅決抗拒統一，俾斯麥決定，繼續用戰爭來解決問題。恰好，拿破崙三世為了重現法蘭西榮光、建立歐洲霸權，也在積極準備應戰。

就這樣，普法戰爭迅速爆發。戰事剛開，美國經濟就受到了重大影響，尤其是石油業。因為海上運輸線完全中斷，對歐洲的石油輸出被迫暫停。而美國國內的照明和燃料費用，此時卻高於普通家庭的衣食住行費用，因此銷量有限。這種情況下，賓州的原油出現大量生產過剩，煉油企業主的神色越來越凝重。

當神色凝重的企業主們坐到一起之後，各種各樣的生產協會開始出現，有「經濟不景氣卡特爾 Cartel」，有「生產地卡特爾 Cartel」，一通會商後，大家提出要「停採三個月」之類的協議，從而控制價格，保護所有企業的利益。但這樣鬆散的協議，

根本就限制不了參與者，一些希望能獨吞利潤的企業主，晚上剛離開會議桌，夜裡就偷偷打開油井繼續採油。結果，原油價格繼續下跌，到了一八七〇年年底，每桶原油價格下跌到三・二五美元。

此時，憑藉著鐵路運費折扣的優勢，標準石油公司受到的影響並不算太大。但洛克菲勒卻猶如遠在歐洲大陸的俾斯麥，在混亂不堪的局勢中看見未來的王座。他對弗拉格勒說，打算趁中小企業受到衝擊，進一步謀求發展，向匹茲堡、向整個美國東部擴張！

之前，洛克菲勒一直在用價格控制來謀求實現上述目的。他的石油產品價格因地而異，在競爭激烈的地方拼命降價，在獨占市場上則成倍抬價，但現在，講究實效而且習性節儉的洛克菲勒，決定不再用原有的價格戰去打壓中小企業，並最終吞併它們。雖然操縱價格不失為精準的競爭手段，但洛克菲勒已經發現其中存在的風險：浪費成本和利潤，也消耗自身精力。

洛克菲勒看見的最新動向是，原油產區的開採商們已經聯合起來，組建了生產協會。對此，洛克菲勒流露出少有的擔心，他認為如果生產商和當地的煉油企業主聯合起來壟斷市場，必然會對他的公司構成威脅。

在與弗拉格勒的不斷商討中，洛克菲勒確定了下一步戰略方向：既然對方能夠結盟，為什麼我不能以標準石油公司為核心，吞併其他公司？這樣，不就能夠解決精煉油產品過剩、價格浮動不定的問題？

這個構想，在當時並沒有完全被書面記錄下來，卻成為日後「南方開發公司」的雛形。從提升企業經營效率來看，這個方案非常有先見之明。洛克菲勒並不試圖只讓自己的公司成為最佳，而是打算直接收買那些在某個方面有價值、有競爭力的同行，然後將公司合併起來，統一管理、統一價格。這種在未來大企業之間普遍行之有效的收購行為，可以說正是從洛克菲勒那兒開創的。透過兼併，大企業避免了廠房設備、勞動力與成本的浪費，有效整合了生產資源。

在確定這一戰略後不久，南方開發公司如同天賜良機，出現在洛克菲勒面前。

一八七一年底的某天，洛克菲勒因為生意來到紐約，下榻在聖塔克拉斯大飯店。這天晚上，酒店套房裡寂靜無聲，壁爐裡的火焰舔舐著木柴，間或發出劈里啪啦

的聲音。洛克菲勒與弗拉格勒坐在壁爐前，他們靜靜地看著火焰，沒有人說話，他們都在耐心地等待著一個人。

十二點剛過，門被推開了，進來的是弟弟威廉，他身後還有位陌生的客人。

兩人在壁爐前落座，威廉抬手介紹說：「容我介紹一下，這位是瓦特森先生，是范德比爾特先生最得力的助手！」

「你好，瓦特森先生！」洛克菲勒緊緊握住對方的雙手。他知道，此人來歷不同尋常，在南北戰爭時期，他擔任陸軍助理次長，負責北軍全部的物資運輸任務，是個非常厲害的角色。他和另一位陸軍助理次長湯姆・史考特，既為北軍出謀劃策，又上下其手大謀私利。由於積累了充分的人脈關係和業務經驗，瓦特森之前就已經被范德比爾特任命為湖濱鐵路公司董事長，取代了原先的迪貝爾。

兩人的手剛放開，弗拉格勒立即開門見山地說道：「這麼說，瓦特森先生，是代表史考特先生來的？」

看似冒昧提出的問題，其實早在談判前就已準備好。洛克菲勒早就了解到，當時擔任賓州鐵路公司董事長的史考特，與瓦特森聯手拉攏了其他小鐵路公司，壟斷了運

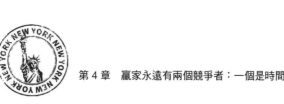

費的定價權，讓匹茲堡附近的煤礦主慘敗而歸。這一次，瓦特森主動提出來見面磋商，很有可能就是史考特在背後指揮。

瓦特森果然是見過世面的，他並沒有對這個問題感到驚訝，而是彬彬有禮地說道：「當然，我和史考特先生，都想和貴公司合作。」

洛克菲勒的臉上並沒有什麼表情，但他的目光在鼓勵瓦特森說下去。

瓦特森微笑著說道：「諸位應該也知道，史考特先生現在已經出任德州太平鐵路、聯合太平洋鐵路公司的董事長，是鐵路界最有影響力的領袖之一。這一次我來紐約，已經和長島的煉油企業達成了協議，現在希望貴公司和紐約中央鐵路，加人由史考特先生所倡議的聯盟。」

洛克菲勒在心中不斷盤算著：如果加入聯盟，就意味著可以依靠史考特所代表的鐵路力量，去擊敗克利夫蘭的所有競爭對手；但同樣也意味著，新的運費戰爭又要打響，自己能不能保證不犯下匹茲堡煤礦的錯誤，被鐵路方面牽著鼻子走呢？

瓦特森繼續說道：「我還可以保證，范德比爾特先生也支持這個聯盟，他最近好像還要和古爾德先生見一面，討論一起加人聯盟的可能。」

聽到這裡，洛克菲勒決心已定。因為他清楚，如果這兩位加入聯盟，那麼形勢就完全不同了，自己已經不能再遲疑下去。

——就這樣，在這天夜裡，雙方達成了祕密協定，洛克菲勒答應加入史考特所組織的聯盟共同體。

當時，誰也沒意識到，這次會見，成為影響美國商業史走向的標誌性事件。壁爐前通過談話所最終達成的默契，代表美國企業開始從鬆散的「卡特爾」（大壟斷）、「辛迪加」（低階性質的壟斷形式）等聯盟，逐漸走向完全壟斷之路。

一八七一年，洛克菲勒和其他一些煉油企業主，多次到紐約和史考特、范德比爾特、古爾德等鐵路公司老闆舉行祕密會議。最終，他們確定同意使用史考特的提議，組成的聯合體以不引人注目的「南方開發公司」為名。在洛克菲勒的強烈要求下，這家公司允許瓦特森作為范德比爾特的代理人加入，董事長也由他擔任，至於其他的鐵路大老闆，都退居幕後。

在這家公司中，洛克菲勒、威廉和弗拉格勒每個人占一八〇股，共計五四〇股。

由於公司最初資本額定為二十萬，分為二〇〇〇股，標準石油公司也成為聚光燈下最大的股東。

一八七二年一月，在南方開發公司的第一次會議中，多項驚人的談判結果就此公佈於世了：

首先，各家鐵路公司利益均分。賓州鐵路、紐約中央鐵路、湖濱鐵路、毅力鐵路、大西洋及西部鐵路等公司進行祕密內定，分配了每家公司的運輸比率。

其次，石油運費雖然有小幅度上升，但每個企業都能拿到祕密的折扣。

其中，標準石油公司的運費，從一八七〇年拿下的一・六五美元，上升到二・八美元，但洛克菲勒還是感到心滿意足，因為會議讓其他所有競爭者，都必須付出更多運費。

這次會議所形成的封鎖政策，如果真正得以行使，會讓所有未能參加聯合公司的企業遭到滅頂之災。為了強化對成員的約束，會議規定，如果有任何鐵路公司接下了南方開發公司之外的企業的生意，就要遭受罰款；各家鐵路公司必須將每日的貨運清

單送交南方開發公司進行檢查；不僅如此，每家成員廠商都有權審核鐵路公司的帳本，查看其是否有不合規定的交易。

總體來說，南方開發公司成立的唯一目的，就是要確保鐵路和石油行業中既得利益者的位置，即便其中的參與者需要交出一定的自主控制權，他們也在所不惜。

智者千慮、必有一失，當所有參會者高舉香檳酒杯時，他們並沒有預料到後來的事情。甚至連洛克菲勒也沒有想到，充滿壟斷野心的南方開發公司，雖然此時承載著轟轟烈烈的夢想，卻很快讓自己遭遇了人生中的第一次重大輿論質疑。

4．很少人能承受這種壓力

世界上沒有不透風的牆，洛克菲勒和其他十二家石油企業簽訂祕密協定之後，南方開發公司僅僅運行了兩個月，其背後的祕密就徹底暴露了。

二月開始，關於鐵路運費即將飆升的流言，在賓州傳播開。二月二十六日，油溪區的採油企業主們帶著疑惑，翻開各家晨報的頭版，赫然發現流言是真的：運價在一夜之間，對所有廠家都漲了許多。而洛克菲勒與其他十二家煉油商，則不在價格調漲的名單中，他們都屬於南方開發公司這一幽靈般的集團。

對企業主們而言，報上的這條消息並非開戰號角，而是一份倒閉通知書，因為沒有任何原油生產企業，能承擔如此大落差的運費成本。於是，企業主們放下手頭的工作，轉而組織工人們走上街頭，聚集在一起表示抗議和譴責。

二月二十七日晚上，有三千多人衝進克利夫蘭的泰特斯維爾歌劇院，他們憤怒地發表演講，揮舞標語，將洛克菲勒和他的同謀們，稱為「邪惡之手」、「妖魔」、「陰謀家」與「匪徒」、「惡棍」、「強盜」！

諷刺的是，後來成為標準石油公司接班人之一的約翰‧阿奇博德，此時正是演講者中最慷慨激昂的一位。他經營著一家不大的煉油廠，無論到哪裡簽名，都用「每桶四美元」作為籌碼。當初，也有人企圖將他拉進南方開發公司，但他果斷回絕了，此時，他站在人群中間，高呼著：「這是絕望的人們，最後一次決戰！」

阿奇博德雖個子矮小，但他表現出了無畏的氣勢。這個夜晚之後，他被所有人推

舉為新的原油開採商聯盟領導者，這個聯盟決定對南方開發公司實行報復性措施，限制原油開採量，將之減少三〇％，並在三十天之內暫停鑽探，即便手中有原油，也只賣給南方開發公司之外的煉油商。阿奇博德將這樣的行動，稱為「大封鎖」。

與聯盟上層的清醒相比，底層員工對個人境遇充滿了擔憂與恐懼，在新聞媒體的煽風點火下，這些負面情緒不斷蔓延，迅速形成了集體的憤怒與絕望。於是，抗議局面很快升級為直接行動。

許多人在知道了洛克菲勒在南方開發公司的核心地位後，就將矛頭直接指向了標準石油公司。他們只要看到標準石油的油桶，就會在上面畫上骷髏和交叉的骨頭形象，他們還在街上鼓動焚燒標準石油公司的油桶。破壞者甚至找到相關的鐵路公司，砸毀停在月臺的油罐車，將油全部傾倒出來，並一節節拆毀鐵軌。

此時此刻，誰也不記得，洛克菲勒曾經是個衣著整潔、安靜地在教堂做禮拜的年輕人。現在，在所有的宣傳中，他都是應該受到上帝懲罰的惡魔。但是，如此的破壞與攻擊，並沒有讓洛克菲勒動搖，反而讓他更加堅足地相信，這些小企業主們所構成的生態，只是無知者、冒險家樂在其中的下等社會，對提升整個行業的水準幾乎毫無價值，除非能出現強有力的人去管理他們。為此，洛克菲勒告訴盟友們，標準石油公司才是井然有序的強大組織，而其他那些原油生產商、煉油商，都是粗野而容易衝動的小人。他們只要聽見挑唆，就會到處胡作非為。

洛克菲勒顯然確實相信上述論點，因此他不屑於利用新聞媒體，對外開展口舌之戰。他拒絕去見成天等在門口的記者，還建議弗拉格勒也不要說話。他所做的唯一應對，就是在聽說有人威脅要取其性命時，增加了辦公室和家周圍的保安人員，並在床邊放上了一把左輪手槍。

終其一生，洛克菲勒都對各種批評不置一詞。他自認為，這樣的態度才符合老派基督教徒的信仰，才顯得胸有成竹、歸然不動，但在媒體和民眾看來，這樣的表現完全是因為他自認有罪，希望逃避現實。結果，和所有敢於並能引領時代的企業家一樣，洛克菲勒越發確信，自己的行動之所以會被誤解和抵制，是因為普通人目光短淺，只看到眼前利益，而不願意接受新興力量所代表的真理。

雖然洛克菲勒不願面對新聞，但報上的壞消息接二連三。原油開採商聯盟有計劃

地管理每個成員企業，總共有十六個委員會夜以繼日地巡視油田，負責阻止任何人向南方開發公司出售原油。

失去了原油供應，南方開發公司聯盟中的所有煉油廠，幾乎都頓時無事可做。洛克菲勒接到報告稱，標準石油公司下屬的三家大煉油廠幾乎全線停工，九〇%的雇員不得不回家休息。

同時，原油開採商聯盟還在不斷延伸戰火。他們派出的代表去了哈里斯堡，向州議會遊說廢除南方開發公司的特許證。另一個代表團則直接到了華盛頓，向美國國會提交了足足有九十三英尺長的簽名請願書，要求對整個石油行業進行調查。

最為致命的消息在三月底傳來，紐約的煉油商全部加入了反南方開發公司的聯盟。這樣，實力對比發生了扭轉性的變化，南方開發公司幾乎毫無勝算。四月份，瓦特森決定，退出南方開發公司。洛克菲勒失去了鐵路公司這一強大盟友。同時，賓州的立法機構宣佈吊銷南方開發公司的執照。

一八七二年四月二十八日，洛克菲勒終於承認遭受創業以來的第一次「失敗」。他向盟友與採油商宣佈，南方開發公司之前和鐵路簽訂的合約，全部無效。這次，他終於沒有拒絕自辯，他說：「我要鄭重聲明，在油區以及其他地方流傳的，所謂本公司或公司裡任何人提出征服石油業的說法，完全是無稽之談。」

洛克菲勒很可能並不是在說謊，因為他為南方開發公司設定的長遠目標，是確保石油行業能獲得集中、穩定而高效有力的發展，為此，必須犧牲那些小油廠。他堅定地認為，自己的動機是神聖而正確的，人們對其投出的批評和誤罵，並非出自正義，只不過是出於嫉妒與虛偽。伴隨這一聲明的發出，南方開發公司所引起的熊熊戰火，終於暫告平息。

早在停戰之前，採油商聯盟內就出現了鬆動跡象。不少小企業無法忍受利潤不斷下降，便主動打破僵局，和石油掮客們勾搭起來，將原油賣給標準石油公司。現在，既然共同的敵人業已消失，聯盟更是土崩瓦解。原油生產區很快恢復正常的採油和供應，畢竟，長達數月的封鎖供應行動，也讓它們元氣大傷。

作為採油商聯盟的創建者，年輕的阿奇博德一度得意洋洋，他真的以為洛克菲勒在這場戰爭中損失慘重，就像報紙上宣傳的那樣，是主動退卻、偃兵息鼓了。

然而，當初出茅廬的阿奇博德從喜悅中冷靜下來，開始理性清點戰果、分析局勢

時，他才赫然發現，洛克菲勒與他的標準石油公司，依然是最大的贏家。

阿奇博德驚訝地看到，從南方開發公司成立的消息傳出，到洛克菲勒最終宣佈終止參與，在數月的輿論抨擊、原油禁運和內外紛爭之後，標準石油公司的規模非但沒有減小，反而變得越發龐大。

此時，出現在克利夫蘭地平線上的，是一家包含了三十多家企業、一千六百多名員工，資產額高達二百五十萬美元，具有精煉一萬桶原油能力的資本巨獸，在這頭巨獸那躍動的碩大心房裡，端坐的正是那個幾乎從不露面的傳奇人物：洛克菲勒。

阿奇博德對此大惑不解！

洛克菲勒，他究竟是什麼樣的人？

他如何做到了這一切？

幾十年後，當許多美國歷史學家研究這段南方開發公司的商戰歷史時，也和當年的阿奇博德一樣，在震驚之餘發出喟嘆。他們感慨地說：「洛克菲勒根本就不是一個普通人。任何平常人面對那樣的輿論攻擊，勢必會深感受挫，繼而信心瓦解。然而，洛克菲勒卻能像什麼也沒有發生一樣，仍然執著地沉迷在自我的壟斷幻想中。」

洛克菲勒不僅執著於幻想，更重要的是，他此時具有堅忍不拔的鬥志、捕捉時機的敏銳，以及可供調配的巨量資源。無論外界如何戰火紛飛，他看到的永遠不會是重重障礙，而是通向壟斷巔峰的道路。建立南方開發公司也好，操縱運費價格也罷，都不過是這一道路上的必經步驟，同樣必經的，還有「併購」環節。

在商業上，洛克菲勒只信奉弱肉強食、自然選擇的原則。在其社會達爾文主義的競爭觀中，「併購」這一市場行為不但合法合理，更是身為天選之子的強者對弱者的「拯救」。在他看來，這種「拯救」完全符合商業道德與社會規律，也是上帝對虔誠努力者的應許，只有經過不斷的併購，強者才能承擔更多責任、創造更大財富，而缺乏經營意識和競爭才能的弱者，則遲早都應匍匐在其王座之下，接受必然的命運。

在商業競乎中，洛克菲勒從來沒有任何善心。他根本沒有考慮過，市場其實完全會自發淘汰那些弱小者，他內心升騰著吞噬行業的熊熊火焰，只是因為他預料到石油價格會因為產量將隨時創造新紀錄而停滯不前。這種緊迫感，促使他必須伸出手去加速市場的清掃「戰場」的工作！

一八七一年時，南方開發公司協議尚未出現，洛克菲勒併購的槍口，最先指向了克拉克・佩恩公司。

選擇這家公司作為第一個獵物，很可能與個人恩怨有關。洛克菲勒剛出道時，曾和該公司的合夥人詹姆斯・克拉克有過矛盾。現在，則是用金錢結算的時候了。相比對克拉克的討厭，洛克菲勒卻很欣賞該公司另一位合夥人奧利弗・佩恩。

佩恩是他的中學同學，後來畢業於耶魯大學，在南北戰爭中因功而被授予上校軍銜，是政治家亨利・佩恩的兒子。他家世顯赫，一八五四年迫使日本開埠通商的馬修・佩里海軍準將，是其家族旁系。佩恩此時尚單身，待人雖然彬彬有禮，卻總流露出冷漠嚴肅的氣質。不過，洛克菲勒卻很欣賞佩恩，覺得他是最容易突破的環節。

一八七一年十二月，洛克菲勒與佩恩在克利夫蘭商業區一家銀行的會客室見面。寒暄已畢，洛克菲勒立刻描述了標準石油公司的未來前景，他說：自己打算透過擴大這家公司，將石油產業變得龐大而高效。隨後，他直截了當地問道：「如果我們能夠在資金數額和條件上達成一致，您是否打算加入？」

佩恩心知肚明，無論是資金實力，還是管理經驗，本方都無法和標準石油相提並論。但他對合併一事又有所顧忌，於是他謹慎地說道：「關於合併，我是贊同的。不過，能否允許我看看貴公司的帳本？」

洛克菲勒早有準備，一疊帳本馬上被送到了佩恩的面前。會客室裡頓時鴉雀無聲，只有佩恩翻閱帳簿時發出的輕微聲音，洛克菲勒胸有成竹地等待著。他知道，眼前的這隻「獵物」，已經距自己越來越近。

半晌，佩恩「啪」的一聲合上了帳本，站起身來。不等洛克菲勒說話，他就滿臉敬佩地說道：「洛克菲勒先生，我對貴公司的實力非常清楚了！我想，我們需要一個評估機構，來算算我的工廠究竟值多少錢。」

就這樣，第一次收購意向順利達成。不久，佩恩和克拉克商談之後，同意用四十萬美元的價格，出售煉油廠。洛克菲勒雖然知道這個價格有點高，但依然同意了。這次併購，讓此時年僅三十一歲的他，繼續坐擁著全世界最大的煉油企業。更重要的是，這次成功的收購，成了洛克菲勒不久後發動閃電收購戰的預演。

一八七二年二月，阿奇博德組織的原油開採商聯盟開始執行「大封鎖」計劃，洛克菲勒知道，大併購的時機來臨了！

5．打造自身優勢成為一種品牌

來自標準石油公司的信使，如同鴿子群般飛向克利夫蘭。在那裡，一個個銀行總裁祕密接到了條件豐厚的協議。協議是洛克菲勒早就準備好的，他以堅定而慷慨的口氣，承諾用誘人的公司股票，來換取銀行家們的支持。很快，各大銀行總裁、各分行經理，全都成了標準們油公司的股東，中小煉油廠再也無法從銀行手中得到貸款，再加上阿奇博德同時發動的「大封鎖」，這些油廠面臨著資金和原料的短缺，全都奄奄一息，幾近倒閉。

此時，洛克菲勒的第二批「鴿群」，又朝向克利夫蘭飛去。中小油廠的老闆，帶著鬱悶至極的心情，接過了標準石油公司的「建議書」。

在建議書中，洛克菲勒是這樣說的：「如您所知，標準石油公司的計畫正在啟動中。這意味著，我們將要對石油行業實行絕對的控制。外人是絕對沒有機會的。再看看現在的形勢，相信您更會理解。不過，我們打算給每個人加入的機會，您可以將煉油廠交給我們的評估機構，在評估之後，我們會給您相同價值的標準石油公司股份或者支付現金，隨便您怎樣選擇。不過，我們建議您還是選擇持股，因為這確實對您最為有利。」

毫無疑問，這不啻對輸家的最後通牒：投降，還是去死？

中小煉油商們本來已經焦頭爛額，再看到充滿威脅意味的勸降書，頓時感到能夠選擇的空間，早已微乎其微。在巧妙的誘導和威逼之下，不少中小業主相信了洛克菲勒，加入了標準石油公司。

當然，也有些企業主因為頗具實力，對建議感到懷疑，洛克菲勒就會十分謙恭地與他們約定時間，促膝而談。他和顏悅色而彬彬有禮，耐心地向對方解釋說，加入標準石油公司，對大家都有各種各樣的好處；反之，由於原油開採商聯盟的封鎖，如果拒絕加入，只會面臨死路一條。為了顯得坦率，他還進一步暗示說，到那時，標準石油公司開出的合併價格，很可能會比現在低得多。

一位名叫約翰・亞歷山大的煉油商，經歷了這段時間，留下了不堪回首的回憶。他說：「當時有一股情緒，始終籠罩在我心頭，同時也壓在克利夫蘭幾乎每個從事石油行業的人們心上。我們感到，除了參加南方開發公司之外，就不會有任何出路了。

如果不賣掉工廠，我們一定會被擊垮，因為有人暗示說，他們和鐵路即將有個合約，透過合約，他們就能隨時將我們打倒在地。」

不過，洛克菲勒從來不承認，自己用南方開發公司去嚇唬過任何人。他說，自己的併購請求都是「友好」而「禮貌」的。他或許並沒有說謊，但人們還是有足夠理由懷疑，他的手下利用資訊不對稱，在談判中對傳聞添油加醋，讓正處在危機中的那些企業主變得提心吊膽。

例如，福希特・克里奇利公司的合夥人，J・W・福希特，直到二十世紀初，還對當時的併購耿耿於懷。他說自己那時得到消息：「標準石油公司有了鐵路方面的撐腰，他們能夠操縱運價，使得中小公司再也無法運輸原油……」當時，福希特親眼看見不少同行都交出了企業，他唯恐自己落後，也加入了標準石油公司。但他很快就宣稱，自己是被人巧妙地欺騙了。

相比「欺騙」，更為嚴重的指控，是另外幾個煉油商所聲稱「威脅」，有人說，洛克菲勒派來的信使不懷好意地說：「請小心，洛克菲勒的大鵝絨手套裡，藏著可怕的鐵拳。」

與這些指控相比，併購談判在洛克菲勒的口中卻截然相反，簡直是一種傳播大愛的慈善行為。他告訴那些弱小的企業主：「我們是來發揮你們的能力，幫助你們實現事業宏圖的，讓我們團結一起，精誠合作，更好地共同保護自己。」由於對自己說的這些深信不疑，洛克菲勒嚴厲斥責那些企圖反對標準們油公司的人，說他們目光短淺、毫無追求，另外，他還向猶豫不決的小企業主們許諾，只要持有標準石油公司的股票，遲早都會富貴榮華，萬事不愁。

然而，白紙黑字的併購協議，與口頭的承諾自然有所差別。當洛克菲勒開始評估這些中小企業時，他就表現出資本追逐者的另一面——貪婪、現實、精明乃至狡詐。由於這些煉油廠遭受到貸款和原料上的打擊，陷人虧損境地，洛克菲勒就採用了非常嚴苛的評估方式。他將許多工廠的收購價格，認定為原先造價的四分之一，甚至相當於收購廢品的價格。那時，還沒有所謂的無形資產評估體系，無論企業原先是否生意興隆、是否深受老客戶喜愛，洛克菲勒對此都一概不予承認，或者只付出最少的補償。對此，他解釋說：「一個虧損的公司，其商譽再好，又能值多少錢？」

不過，人們也不應形成錯誤印象，以為洛克菲勒在每一次收購中都占了便宜。從

整體上看，他的收購還是儘量公道的，他經常出於戰略目的考慮，為併購優良的企業資產而付出更多資本。同樣，如果他真心想要吸收加入標準石油公司的企業主，他從不會採取任何威脅恐嚇手段，而是坦誠以對，希望與對方建立真正平等、緊密而雙贏的合作關係。

在採用種種矛盾的言行、做法之後，一八七二年的二月十七日到三月二十八日，洛克菲勒一口氣吞併了克利夫蘭原有二十六家煉油企業的二十二家。在三月初，他更是在短短四十八小時之內，就一口氣買下了六家煉油廠。當他拿到這些企業之後，卻並非全都經營下去，對其中不少工廠，他直接加以關閉，目的在於削減生產能力。他說，那些關閉的工廠，都是陳舊的垃圾，因此也只能被扔到廢鐵堆中。

總之，在這一年，洛克菲勒憑一己之力，推動了石油市場淘汰落後企業的速度。後來的事實，彷彿證明了他此前的預言，克利夫蘭少數幾家依然在獨立經營的煉油廠，雖然又堅持了幾年，但最後還是沒有撐下去，全部以關閉、破產黯然收場。從時代發展的客觀環境來看，那時的石油行業正處於南北戰爭之後的工業化熱潮中，由於沒有任何管制，所有的企業家都必須一邊努力經營，一邊參與制定競爭規則。洛克菲勒代表了當時的一類觀點，其信奉者認為，遊戲規則的建立是確保行業健康發展的基礎，而制定遊戲規則之前，必須要甄選出有資格參與制定的人選。

為此，美國人所信仰的自由競爭的資本主義理念，遭到了前所未有的挑戰，更多人希望用「壟斷」這一高效的手段，促成新興行業的規範。因此，洛克菲勒對併購閃電戰做出的總結陳詞，就並不像後來美國媒體描述的那樣虛偽。當時，他確定地說：「我們是被迫進行併購的，是為了保全自己。石油行業一塌糊塗，越來越糟，必須一要有人出來主持大局。」彷彿如同看到了未來的先知，他堅決地說：「時機已經成熟了，合併的日子已經到來，各自為政的傳統已經過時，而且一去不復返了！」

在洛克菲勒之前，確實也有過壟斷的嘗試。在歐洲，行業工會和國有經營的企業，都曾與壟斷概念發生過種種聯繫。而在一八七二年的美國，許多商業領袖，也都在嘗試更大程度地控制其所在行業的生產、運輸和價格，例如，以電信為主業的西部聯盟，在此時忙於併購小電報公司，而紐約中央鐵路，也已經透過收購，將大西洋沿席到芝加哥的幹線整合起來。洛克菲勒的標準石油公司，同樣獲得了壟斷的成功，只不過其速度太快、反響太大，以至於在當時和日後，都成為批評者的目標。

毫無疑問，這段光輝的併購戰史，不僅讓阿奇博德這樣的後起之秀目瞪口呆，也讓洛克菲勒自己銘記。一九〇五年時，他在布朗大學演講，說過一段著名的話：「當紅色薔薇含苞待放時，唯有剪除周圍多餘的枝葉，才能令其在日後一枝獨秀，綻放最豔麗的花朵。」

許多人認為，這段名言，實際上是洛克菲勒對併購意圖的最佳解釋，那些「多餘的枝葉」，就是他想方設法要予以消滅的同行，而他苦心孤詣所打造的標準石油公司，才是唯一的紅色薔薇，才是最符合上帝旨意存在的行業主角。

一八七二年底，洛克菲勒的標準石油公司，控制了全美國四分之一的煉油能力。他買下了巨大的「森林山」莊園，整整占地七百英畝，並將人丁興旺的家庭搬到了這裡。但他並不是在這裡享受安逸的，繼續提升事業的夢想驅動著他的熱情，從「森林山」出發，他要讓石油帝國變得空前龐大，超出所有人的想像。

・第 5 章・

石油霸主君臨天下，「托拉斯」的魔法書！

給自己一個目標，人生才能前進；
沒有競爭，就等於沒有人生。

——《狼道》

1．人生就是積極再加上不斷地積極

洛克菲勒曾經說過：「積極行動是我身上的另一個標幟，我從不喜歡紙上談兵。因為我知道，沒有行動就沒有結果，世界上沒有哪一件東西不是由一個個想法付諸實施所得來的。人只要活著，就必須考慮行動。如果你不採取行動的話，就算是最美麗、最實用的哲學，也是無用的。」

石油行業剛興起時，利潤高、成本低，這也引起了很多人的注意。一些其他行業的人紛紛下海，想要從中分得一杯羹。大量人力的投入，並沒有促進石油產業的發展，反而造成了石油產業衰退的狀況。

競爭激烈，石油價格急劇下降，幾乎毫無利潤可言，這對於石油商來說，可謂是天大的災難。在當時，大部分的煉油廠都出現了虧損的狀況。更加嚴重的是，這種情況並沒有嚇退那些瘋狂的開採者，他們還在不停地開採著，整個石油產業陷入了巨大的危機中。

對於這種情況，洛克菲勒也是極其擔憂的。他擔心，如果再這麼發展下去，他這麼多年的付出可能就要毀於一旦了。不過，他也明白，此時並不是唉聲嘆氣的時候，他不能坐以待斃，他要行動，要在災難中尋找生機。

經過一輪的併購，標準石油公司每年已經能運出一百萬桶成品油，每桶獲得利潤一美元左右。儘管如此，洛克菲勒依然覺得企業的根基並不牢固，因為鐵路公司又恢復了原有的運輸價格，這讓他感到頭疼不已。為了拿到足夠與鐵路談判的牌，他重新嘗試採用類似南方開發公司的聯盟方式，去對行業資源進行新的整合。

一八七二年五月，此時距離南方開發公司的失敗只有經過一個多月。洛克菲勒和弗拉格勒悄無聲息地來到匹茲堡，在這裡，他們會見了當地最大的三家煉油廠的老闆。隨後，他倆又坐火車去往佛州泰特斯維爾，並帶去了一份成立新協會的計畫。這個計畫設想，成立一個新的煉油商卡特爾，由卡特爾的中央董事會負責和鐵路公司談判，爭取新的優惠運費。為了避免上一次的錯誤，協定特別說明，這個卡特爾歡迎任何煉油廠加入，但它們必須同意總裁由洛克菲勒擔任。

可惜，這份「匹茲堡協議」並沒有馬上在泰特斯維爾那裡得到歡迎。雖然洛克菲勒拜訪了不少企業老闆，但對方表面上的尊敬和惶恐下，埋藏著深深的敵意與防備，他們並不相信，參加這個卡特爾真的能夠獲得長遠利益。在一次公眾集會上，弗拉格勒慷慨陳詞說：「我們並不是來搞垮這個行業，而是來拯救它的！」但回應他的，卻是聽眾的起哄和嘲笑。

儘管如此，當阿奇博德看出其中利益所在，並迅速簽字之後，越來越多的企業主也幡然醒悟，加入了「匹茲堡協定」。當年九月，以該協議為框架，「全國煉油工業協會」成立了，洛克菲勒出任協會總裁，油溪區的范登格出任副總裁，東部煉油企業的代表派特擔任了財務經理。由於協會對所有煉油企業完全開放，領導人員的結構又相當合理，因此沒有招來任何非議。

協會總部規定了每日開採原油的數量及配額，並規定除了在協會人員的監督之下，各企業不可自由買賣原油。另外，協會總部表示願意接受各種批評意見，而且在五年期限之內，任何企業會員都可以提前一年通知並退會，如果某個地區有四分之三的退出者，那麼整個地區都能退會。

新協會開始運轉之時，產油商們也發覺好日子遠未到來。南方開發公司失敗後，

大封鎖解除了，各家油井競相開採，原油月產量從一萬二千桶猛增到一萬六千桶，結果導致市場價格猛降，誰都無法賺錢。歐洲市場新出現了價廉物美的煤液化油，全面排擠進口產品。全美各地資本紛紛看中產油區，越來越多的商人來到這一地區投資，總額達到五千萬美元。內外交困之下，產油商們面臨著嚴重困境。

為了解決麻煩，產油商們決定效法「全國煉油工業協會」，成立新的「原油生產協會」，會員包括各個石油生產企業主。他們希望通過協會，對內管控產量與價格，對外則與洛克菲勒領導的煉油企業聯盟友好合作。

一八七二年夏天，「原油生產協會」正式成立，並通過了章程，規定共同出資，成立一家「原油代理公司」，投資一百萬美元，向所有產油商購買原油。價格上每桶不低於五美元，如果市價相當於五美元，則付給現款，如低於五美元則將油儲存在庫裡，付給一半現款、一半儲藏的收據。如果市場價格持續偏低，那麼就要有公司出面進行調查統計，採取方法來提高市價。

這個協定得到了大產油商的贊成，但小產油商並不願意合作，因為他們害怕加入之後，就會丟掉對自身的控制權。正當雙方僵持不下時，洛克菲勒展開了行動。

一八七二年十二月十九日，他與原油生產商代表在紐約第五大道飯店見面，陳述了所謂的「泰特斯維爾條約」。條約墨跡未乾，洛克菲勒就宣佈，馬上開始以每桶四．七五美元的價格，向產油地收購原油。

還沒等產油商反應過來，大批的代理人就帶著整袋的現金，來到了油田。他們到處宣稱，標準石油公司每天都要收購一萬五千桶原油，抓住機會簽約吧！這樣優厚的條件，如同在漫無秩序的魚塘裡撒下大把魚餌。許多生產商根本來不及思考，就輕率地簽訂了合約，因為這是他們從來沒有見過的高價。為了履行合約，他們立刻加快了開採石油的速度。然而，他們卻忽視了重要的一點：手中合約密密麻麻的條款中，並沒有一項保證了收購價會永遠保持在四．七五美元。

洛克菲勒之所以會開出這樣的條件，在於他預見到人性本質中醜陋的一面。他曾如此評價產油者們：「這些親愛的人們，如果他們能少生產一點石油，他們就會得到十足的價錢；假如他們生產的石油比全世界需求的少，那麼世界上任何聯合力量都不能阻止他們賣出好價。」

但洛克菲勒深知，這種情況絕不可能發生，因為採油商們幾乎都是衝動而貪婪

的，他們無一不像一八四九年加利福尼亞淘金熱的參與者那樣，希望透過賺取「快錢」，贏得終生的財務自由與生活幸福。既然如此，無論什麼樣的表面協議，都無法阻止其本性所帶來的破壞。更不用說，原油生產行業裡聚集的，都是在荒郊野外摸爬滾打多年的「硬漢」，他們脾氣火爆、難於溝通而且彼此防範，想要用一紙公文就約束他們的行為，實在比控制城市裡更為理智的煉油企業要困難得多。

果然，自從洛克菲勒提出四・七五美元的收購價之後，原油生產協會幾乎陷入混亂。這個在誕生之前就先天不良的鬆散聯盟，根本無法限制內部企業的原油產量，每個成員都心懷鬼胎，為了自身利益而迅速擴大產量。短短兩周之後，採油區原油日產量已高達五千桶，標準石油公司收購了二十萬桶的原油。洛克菲勒立刻宣佈，因為原產地的企業到處大量抛售，新的收購價降為每桶二・五美元，並準備隨後調整為二美元以下。

而對突如其來的降價，產油商們驚慌了。他們紛紛向標準石油公司發去電報，要求其做出解釋。但洛克菲勒給出的答覆，卻是斬釘截鐵而冷酷無情的。他說，原產地供過於求的狀況打破了歷史上供應量的最高紀錄，標準石油公司並沒有責任，只能停止履行合約。私下裡，洛克菲勒則對一盤散沙的生產商表達了鄙視之意，他說，這次事件，更加暴露出他們的失敗天性，他們不可信賴，無法管控自己身上那種瘋狂的因素。他還嘲笑他們說，只要有一點利益，就會無視內部協議，半夜溜出來打開油泵，以便在鳥兒報曉之前就抽出原油。

由於原油再一次陷入供大於求的局面，洛克菲勒在一八七三年一月，輕鬆地廢除了與原油生產協會之間的協議。協議被廢止後，原油生產商們更加亂作一團，他們再也無法形成同盟去控制產量和價格，導致油價在此時跌入谷底，這讓標準石油公司再次鞏固了行業霸主的地位。

半年之後，洛克菲勒所組織的全國煉油工業協會也碰到了類似的問題。協會內有少數廠家，開始違背協議，偷偷摸摸進行超額生產。更嚴重的是，協會外出現了「搭便車的投機客」。許多當初被標準石油公司收購的商人，看到有利可圖，又違背契約，購買新設備，經營起新的煉油廠。他們雖然沒有加入協會，卻能在市場上享受到受其維護的較高價格，更棘手的是，這些重操舊業的企業主，還試圖公開威脅洛克菲勒，要求他再次進行收購。

最終，洛克菲勒對煉油卡特爾失去了信心，他對所有形式的企業聯合都失去了信心。一八七三年六月二十四日，他在薩拉托加斯普林斯召集了煉油企業主，宣佈取消「匹茲堡計畫」，並解散全國煉油工業協會。一年多來所目睹的成功和失利，讓洛克菲勒終於下定決心，不再嘗試組建任何公司聯盟，而是像併購閃電戰那樣，推行徹底的兼併。他總結說，有些人，即使連萬能的上帝都無法拯救他們，因為他們不願意得救，只想要為魔鬼服務，堅持他們的邪惡做法。

鑑於這樣的結論，洛克菲勒再也沒有耐心期待任何改變。以上帝之名，他發誓不再心慈手軟，而是厲行兼併之道，讓標準石油公司的大旗獵獵飄揚。

2．匹茲堡計劃

一八七三年，洛克菲勒對各種徒勞無益的聯盟都失去了興趣，而準備將整個石油產業鏈都直接掌握在自己手中。此時，歷史再次向他張開了祝福的臂膀。正是在這一年，南北戰爭後人們對於財富的瘋狂追逐，終於以經濟泡沫破滅的形式而宣告收場。

在後來被稱為「黑色星期四」的九月十八日，傑伊・庫克銀行在北太平洋鐵路公司的融資發生資金斷裂，進而宣佈倒閉，其連鎖效應導致一家股票交易所破產、許多銀行倒閉、眾多鐵路公司破產。隨後，大規模的失業浪潮帶來了經濟緊縮，平均薪資水準降低了二五%……這一切，反而加快了洛克菲勒圖謀已久的兼併進程。

在經濟蕭條時，原油價格一路猛跌，降到了令人震驚的每桶八十美分的低價。一年之內，這個價格又跌到了四十八美分，甚至比某些城市運水的成本都要便宜。洛克菲勒抓住機會，進一步吞併其他中小企業。

一八七四年秋天，在紐約的薩拉托加斯普林斯，祕密進行了一場改變煉油行業歷史進程的談判。斯普林斯風景宜人，又有著最好的賽馬場和賭場，是舉行祕密商務談判的最好場所，作為談判的發起者，洛克菲勒專門邀請了查爾斯・洛克哈特、威廉・沃登這樣的重量級對手，而標準石油這方則由他與弗拉格勒親自出馬。

談判剛開始，洛克菲勒就習慣性地直奔主題，他指出，只有接受他的建議，將多家公司合併一處，才能避免毀滅性的降價競爭。洛克哈特和沃登起初不以為然，覺得洛克菲勒只是虛張聲勢，但弗拉格勒遞上的帳本證明了一切，他們驚訝地發現，洛克

菲勒製造煤油的成本太低了，低到他甚至可以用低於競爭對手的成本價去出售，依然能夠盈利。

洛克哈特與沃登滿腹狐疑，隨之結束了談判，分別匆匆回到匹茲堡與費城。在那裡，他們派出手下到處瞭解標準石油公司。幾週之後，他們確定了雙方實力的差距，並得到了洛克菲勒的保證：可以在公司管理中佔有一席之地。於是，他們決定和洛克菲勒聯合，作為交換，他們成了標準石油公司的股東，還有自己從未得到過的鐵路運費折扣、低息貸款、新式油罐車和煉油技術。

降伏洛克哈特與沃登，讓洛克菲勒一舉拿下了匹茲堡一半以上的煉油能力，並獲得了費城最大的煉油廠。不過，洛克菲勒並不希望公開這樣的戰績，他提出，併購只採用暗中交換股權的方式進行；在所有對外場合中，洛克哈特和沃登的公司依然都是獨立營運的。

對於這樣的信任，洛克哈特和沃登自然投桃報李。他們成為洛克菲勒悄然設下的伏兵，如同兩張巨大的羅網，灑向各自所在的市場，在其中繼續推進大規模的連鎖併購。很快，匹茲堡與費城就成了標準石油公司帝國的新領地。以匹茲堡為例，在此之前，這座城市有二十二家煉油廠，僅僅兩年之後，匹茲堡就只剩下一家獨立營運的煉油廠了。

在吞併匹茲堡和費城煉油企業的同時，洛克菲勒在油區和紐約也開始了關鍵收購。在油區，洛克菲勒啟用了親信阿奇博德，組建了阿克美石油公司。短短幾個月之內，熟悉油區的阿奇博德，就併購或租賃了總共二十七家煉油廠。隨後的三、四年裡，油區已經沒有了獨立營運的煉油廠。

即使是最痛恨洛克菲勒的對手，也承認其有非常出色的用人藝術，他總是能找到那些最值得信任的人才，可以將他的經營思路和手腕發揚得淋漓盡致。在油區的一系列併購中，阿奇博德宛如洛克菲勒的翻版，忠實履行自己的責任。他總是將給煉油廠主的價格壓得很低，即便洛克菲勒要求他必須付出公道的價格，他還是常常感到不甘心，覺得自己做出了並不必要的讓步。

在紐約，洛克菲勒先是買下了專門生產盒裝煤油的德沃製造公司，又併購了有一家大煉油廠的長島公司，在弟弟威廉的辛勤努力一下，隨後又兼併了查理斯・普拉特公司。

這些收購，為洛克菲勒帶來的不止是廠房、機器和市場，還有最為寶貴的人才。其中，對查理斯・普拉特公司的收購，為他招來了標準石油公司歷史上值得銘記的英才：亨利・羅傑斯。與阿奇博德曾經是產油區反洛克菲勒聯盟的領導者一樣，羅傑斯也曾經領導過紐約煉油商的反洛克菲勒聯盟，但他也是其中最早投奔標準石油公司的人。羅傑斯在管理和技術方面都十分出色，他曾經獲得一種從原油中分離石腦油的重大工藝專利，又領導過標準石油公司的原油採購、管道運輸和製造流程管理等業務。

一八七五年五月，洛克菲勒吞併了西維吉尼亞州帕克斯堡的卡姆登公司，並將之改名為卡姆登聯合石油公司。這次收購，卸下了標準石油公司帝國在地圖上的唯一軟肋——他的不足之處。

在此之前，洛克菲勒控制的煉油廠，全部分佈在紐約中央鐵路，伊利鐵路和賓夕法尼鐵路營運的區域中，但在巴爾的摩・俄亥俄鐵路公司所控制的地圖上，卻是一片空白。不僅如此，這個新興的鐵路公司，居然在支持最後一批敢於公開對抗洛克菲勒的獨立煉油企業，而其中被他們最為看重的，則當屬卡姆登無疑。結果，直到卡姆登成為洛克菲勒的新下屬，並開始為其收購其他煉油廠，巴爾的摩・俄亥俄鐵路公司還被蒙在鼓裡，甚至繼續為他提供著優惠運價。

到了此時，洛克菲勒終於舒了一口氣。他滿意地看到，自己基本完成了控制主要煉油中心或城市的宏大計畫。但真正的稱霸不是只體現在規模上，還需要行業獨立性的王權證明。此時，儘管洛克菲勒還經常需要大筆貸款，但他已經不用再屈就任何一個銀行家的意思了。除此之外，他還希望自己可以擺脫范德比爾特等鐵路運輸巨頭的影響。

機會很快出現了。由於擔心油田終究會枯竭，進而導致石油運輸專用設施的貶值，鐵路公司減少了相關投資。洛克菲勒捕捉到這種不安，立刻向各家鐵路公司發出信號。一八七四年四月，他和伊利鐵路公司達成協議，保證用現代化設施來裝備調車場，並將所屬西部煉油廠產量的五〇%交給伊利公司運輸。作為交換，伊利公司將新澤西州威霍肯車站的所有權交給了標準石油公司。

此外，洛克菲勒在紐約中央鐵路公司也很受歡迎，繼承范德比爾特寶座的小范德比爾特，與其父親一樣重視洛克菲勒，他甚至做出準確的預言：「洛克菲勒將成為這個國家最富有的人。」在這樣的關係下，標準石油公司很快控制了紐約中央鐵路公司

和伊利公司幾乎全部的石油運輸。由此，洛克菲勒不但能繼續確保獲得運費優惠，還可以隨時了解掌握競爭對手在全國鐵路網線上的石油運輸情況。

並不是每一家鐵路公司都會如此配合洛克菲勒的計畫，賓州鐵路公司董事長斯科特，就突然選擇標準石油公司在運輸領域的薄弱環節發難。他先是成立了帝國運輸公司，對產油區的兩條主要油管進行合併，隨後購買了五千噸的運油船，組成五大湖的石油運輸船隊。同時，還在隔著哈得遜河、與紐約相對的新澤西州，建造了專門的倉庫和儲油槽，作為運輸中轉站。

這一系列步驟迅速而精準，充分表現出斯科特當年作為南方開發公司發起者的眼光和能力。在此以前，管道只用於將石油從開採井口運輸到鐵路旁，而帝國運輸公司的舉動，預示著管道將創造性地用於長途運輸，甚至取代鐵路。對於斯科特而言，這無疑是維持賓州鐵路在石油運輸行業利益與話語權的最後一戰，對於洛克菲勒而言，這又事關標準石油公司、伊利鐵路和紐約中央鐵路運輸聯盟的生死存亡。洛克菲勒很清楚，如果輸掉這一戰，標準石油公司就無法真正壟斷東部，更談不上席捲全美。

「管道，必須建立自己的管道！」在一個個夜晚的沉思之後，洛克菲勒終於下定

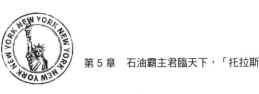

決心，他在地圖上用紅色鉛筆，將匹茲堡重重地圈定起來。所有人都清楚，新的戰役即將打響了。

為了和斯科特爭奪管道運輸行業的壟斷權，洛克菲勒進行了精心準備。首先，他宣佈減少標準石油公司的股息，將利潤以現金形式留在公司，而不是分給股東。隨後，他果斷追加投資，從歐洲引進了大量先進生產技術和機器，從而用極快的速度改善了煤油加壓蒸餾設備，減少了原油在蒸餾過程中的漏失和浪費。這樣，標準石油公司有效降低了成本、增加了產量，提升了產品品質上的競爭力。

同時，洛克菲勒將賓州鐵路公司在管道上的行動，及時通報了伊利鐵路和紐約中央鐵路公司，他警告這兩家公司，如果管道運輸大面積普及並被壟斷在斯科特手上，那麼最先受到損失的不是標準石油，而是它們。為了聯合起來，他提出再次提高折扣，以確保共同生存。

伊利鐵路公司和紐約中央鐵路公司知道，提高折扣代表著利潤再次降低，但權衡利弊之後，他們只能無奈地選擇同意。畢竟，從硬體到戰略，他們都已經和洛克菲勒牢牢綁定在一起。

拿到更多的運費折扣後，形勢開始對洛克菲勒有利。他將匹茲堡作為首選目標，將精煉油透過鐵路網路源源不斷地向這一地區進行傾銷。由於匹茲堡是賓州鐵路公司重點經營的核心，這一打擊，頓時讓斯科特面臨每個月高達上百萬美元的財政赤字。

斯科特並非沒準備，他調集資金，應對洛克菲勒的低成本傾銷。面對標準石油公司的步步進攻，他相信只要堅守下去，就能消耗掉對方的財力和耐心，並迎來轉機。然而，新的「黑天鵝事件」，卻加速了斯科特失敗的進程。

在長達數年的傾銷戰中，鐵路工人成了利益受損最大的一方，他們的工作壓力不斷加重，然而薪資卻不見增長。到了第三年夏天，鐵路工人終於爆發了聲勢浩大、前所未有的大罷工。實際上，鐵路業罷工在當時並不是什麼新鮮事，但這次罷工的規模與性質相當少見，罷工者不僅採取常見的遊行示威方式，還將之迅速上升為暴力行動。工人們拆除鐵路枕木，對轉運站和倉庫加以破壞，在勞資雙方的衝突中，出現了流血慘案。僅在匹茲堡市內，就有二十五人在罷工中喪生。

相比商業競爭，流血慘案引起了全社會的震驚與憤怒。從媒體到民間，流言四起，批評者將矛頭指向了斯科特和洛克菲勒。有人懷疑，罷工的幕後指使者就是洛克菲勒，甚至有人繪聲繪色地說，他們看到標準石油公詞的人拆掉了賓州鐵路運輸線上的枕木。

洛克菲勒對流言向來採取無所謂的態度，這些流言根本不足以動搖他的意志與決心。斯科特卻難以承受，罷工結束遙遙無期，只要鐵路工人一天不開工，他的損失就會越來越大。更何況，洛克菲勒面向匹茲堡的傾銷已經持續了三年，斯科特原本預計的進攻只能支撐到這個時限，但現在看起來，他的判斷還是過於樂觀，一桶桶帶著標準石油公司記號的精煉油，如同戰場上鋪天蓋地的彈幕，覆蓋了整個地區。

斯科特決定去紐約同洛克菲勒講和，他不能因為這場苦戰，賠上賓州鐵路公司的全部家底。洛克菲勒凝重地看著一臉疲憊的對手，提出了簡單的條件：以三百四十萬美元，買下他的帝國運輸公司。

洛克菲勒早已考慮成熟，他確信，帝國運輸公司雖然只是個名號，其手中卻有最寶貴的資產，就是賓州鐵路公司對石油運輸管道的控制權。買下這個公司，也就掐住了賓州鐵路公司的咽喉。

斯科特明知三百四十萬美元根本比不上自己已經投入的數字，但他甚至不用計

算，就知道如果拒絕，未來的報價會更低。

斯科特無奈地同意了，洛克菲勒大獲全勝。他接收下斯科特在匹茲堡的兩條輸油管道，更拿下了在新澤西建造的大型儲油槽，從此，他獲得了強有力的管道優勢——出海口，為標準石油公司面向全世界發展打下了基礎。

就在這三年內，另一場驚心動魄的石油運輸大戰，也在洛克菲勒面前的棋盤上演變著。在斯科特成立帝國運輸公司之初，洛克菲勒就清醒地意識到利用和控制油管的重要性，他確信，無論今天與鐵路公司的合作看起來多麼緊密，未來的時代必然是屬於油管的。

因此，只有建造本公司掌控的油管運輸系統，才能確保獲得明天的壟斷地位。看到這一點的，不只是洛克菲勒，還有油田區的原油生產商們。由於此時三大鐵路系統全部被洛克菲勒所控制，他們雖然距離油田最近，卻在運輸方面占不到絲毫便宜，完全處於競爭的下風。

為了打破這一局面，生產商們這次終於團結在一起，制訂了此後為人稱道的大計畫：在油田和五大湖之間，架設強大的油管體系。

生產商計畫中的輸油管道，長達上三百七十公里。一旦建成，原油就能源源不斷地從產地直接輸送到伊利湖，然後再以船運到紐約。這樣，就可以完美地繞開了洛克菲勒對鐵路系統的壟斷，進而動搖他目前的贏家寶座。

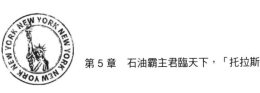

遺憾的是，生產商們這個計畫墨跡未乾，就被阿奇博德設法弄到了。在油田區，阿奇博德埋下了眾多「棋子」，他不僅為許多小商人提供商業間諜經費和報酬，還許諾說，如果他們的身份暴露，無法在油田待下去，公司也會繼續負責他們的家庭生活費用。因此，「棋子」們賣力工作，從各個角落將不同的零散情報提供給阿奇博德，他則如同端坐在網中的蜘蛛，油田有任何的風吹草動，都會通過他的神經末梢與心智中心，再迅速地傳導給帝國王座上的洛克菲勒。

計畫傳遞到紐約後不久，洛克菲勒就做出了應對。他馬上下令運輸系統停止輸送來自馬津郡的任何原油。

馬津郡，有著油田區泓新發現的原油礦脈。由於那裡距離主油川區相當遠，因此開採和生產的全部原油，都要依靠標準石油公司的運力輸送出去。只要一天不恢復運輸，馬津郡每天增加的原油就無法運出去、獲得利潤，這簡直掐準了油田區許多投資

者的命脈，結果，他們只好向洛克菲勒承諾，停止原先信心滿滿的計畫。

然而，失去大批原油生產商支持的這項計畫，並沒有就此夭折。

洛克菲勒一生所面對的對手，幾乎都是那個時代的精英人物，無論在眼界、才能還是意志上，他們都有著過人之處。這一次，鋪設石油管道計畫背後的發起者也同樣如此，他就是曾經擔任紐約州州長的賓森。

賓森有一張大而扁平的臉，他眉毛粗黑、雙唇緊閉，彰顯著堅毅與倔強。在賓森四十多年的人生歷程中，無論混跡政壇還是身處商界，他都從未向別人服輸。當聽說洛克菲勒瓦解了他的合作團隊之後，他決定重新找人加入計畫。

為了堅定其他合夥人的信心，賓森特地延攬了傑出的赫普特准將。赫普特准將畢業於威廉波特士官學校，在土木建築上有很高造詣，曾經擔任賓州鐵路公司總工程師。紐約東方河上著名的布魯克林橋、麻薩諸塞州的胡薩克隧道，都是他的傑作。

赫普特雖然大名鼎鼎，但個性卻沉穩紮實。他了解到自己的任務之後，馬上開始著手勘察地形。為了保密，他獨自一人在賓州北部的荒野山區穿行，也不能委託不動產公司去收購土地，只能選擇購買那些不為人注意的偏僻森林。為了慎重起見，赫普特在所購買的土地合約上，全部使用了暗語。

似乎天平終於向洛克菲勒的對手傾斜過去了，正當赫普特艱苦地朝著賓州東北部的威廉波特推進時，一個好消息傳來了：在靠近新澤西州的布拉夫特郡山中，開採出一口日產二萬桶原油的大油井。這口油井比油區更靠東，距離紐約州只有三十二公里，如果將油管工程鋪設到那裡，輸送原油到紐約甚至連船都不需要了。

賓森對此喜出望外，他一方面以這個消息去刺激生產商們加入油管工程計畫，另一方面又吸取了原來的教訓，尤其注重保密與安全工作。

終於，赫普特完成了勘探，開始了相關鋪設工作。他參加過南北戰爭，見識過戰場上種種驚心動魄的場面，經受過生死存亡的考驗，同時又善於指揮和管理。在他艱苦卓絕的努力之下，標準石油公司的各種阻撓和破壞都沒有減緩工程推進速度。經過數年漫長的建設，到一八七九年五月二十八日，油管工程真的在洛克菲勒眼皮子底下大功告成了。

這是人類有史以來建造的第一條真正長距離的輸油管道。其投入使用的第一天，二・五萬桶原油通過吸筒設備，從儲油槽被輸入到油管中，這些寶貴的黑色黃金，花

費了三天時間，終於以緩慢的速度抵達第二站：歐姆斯特抽油站。到第七天，原油終於抵達終點：威廉波特的儲油槽。

當滾滾的黑色石油，越過了茂密的森林和崎嶇的山路，終於從儲油槽中傾瀉而出時，赫普特確信，他一手打造的輸油管道體系確實成功了，這是他人生中又一項值得銘記的重要技術工程，而在賓森看來，這也是其事業生涯中理應大書特書的勝利。要知道，他們戰勝的，可是極少有過敗績的洛克菲勒！

在威廉波特抽油站前，赫普特與賓森的兩雙大手，堅定地握在一起。四周閃光燈紛紛閃亮，記者的筆尖在紙張上迅疾而過。他們都知道，不用多久，雪片般的報紙就會飛往匹茲堡、費城、克利夫蘭以及紐約，在那些顯眼的頭版頭條上，將會出現此時此刻的情形。

赫普特與賓森不禁想到，洛克菲勒，他們眼中的「巨蟒」，又會帶著怎樣的心情，去看待現在的這一幕呢？

3．打擊異己、神鬼傳奇，令人嘆為觀止

紐約，百老匯大街四十四號，標準石油公司總部，董事長辦公室。

洛克菲勒站在窗前，俯瞰著樓下的車水馬龍，他身後寬大的辦公桌上潔淨整齊，角落裡是一疊晨報。

從報紙上，洛克菲勒終於確認了原油輸油管道順利投入使用的消息。對此，他確實感到吃驚。實際上，賓森與赫普特盡力保密的勘探和鋪設工作，他早就有所耳聞，並讓阿奇博德隨機應變，設法加以阻止，但他其實不太相信，油管真的能夠越過自然地形的重重阻礙，成功通往終點。但眼前的事實，給了他一個沉重的教訓。

想到這裡，洛克菲勒不禁又起了愛才之心，赫普特如此堅毅沉著，精於技術，為什麼跑到對手那邊去了？

還沒等他想好，弗拉格勒和弟弟威廉走了進來，兩個人看起來似乎也血色沉重。

威廉開口說道：「約翰，油管鋪設成功，看來並不是一個好的先例。隨後應該會有更多人參加到油管建設中，我們的鐵路營運，又會碰到新對手。是不是又要準備運

費大戰了？」

洛克菲勒堅定地說：「絕對不可能！我們要想方設法，將這個新完成的泰特華德油管給買下來！」

弗拉格勒和威廉詫異地相互看看，確認彼此都沒有聽錯。洛克菲勒的創造力與勇氣確實在商界聞名遐邇，但這兩位他身邊最親密的左膀右臂，還是想像不到洛克菲勒能提出如此計畫。人人都知道，專門用來對付洛克菲勒的泰德華德油管，是由賓森領頭的一眾股東花費了鉅資、投入了人力，以及足足五年的時間成本，而現在指望他們同意將油管再賣給洛克菲勒，豈不是異想天開？

洛克菲勒看兩人沉默不語，臉上掠過不易察覺的微笑。他自己坐下來，隨後擺了擺手，意思是請兩人也坐下來，靜心聽取他的計畫——

原來，標準石油公司無處不在的商業間諜，早已盯上賓森，將他的行蹤不斷彙報給總部。洛克菲勒由此得知，賓森正在準備擴建油管工程，但由於手頭缺乏資金，便頻繁往來於倫敦、巴黎、紐約，向不同銀行貸款。最近，他已經返回美國，並向全美最大銀行第一國際銀行貸款二百萬美元，準備將油管從威廉波特繼續向東延伸，那樣，就能和新澤西的中央鐵路連成整體。

聽到這裡，威廉和弗拉格勒的面色都變得沉重起來，他們都知道，對方拿到這樣一筆巨大的貸款，無疑說明將會有更多油管出現在賓州，會有更多原油沒日沒夜地湧向紐約的港口。

然而，洛克菲勒卻不慌不忙，他放低了聲音，三個人俯首密商起來。

幾天後，在紐約第一國際銀行的辦公室裡，來了一位不速之客。他故作神祕地告訴接待員：「我想要投訴你們的客戶泰特華德公司。他們剛從貴行貸款，但現在卻有人暗中貪汙款項。」

如果換作普通人，很可能被當成造謠者趕走，但銀行職員卻並不敢這樣做，因為揭發者正是握有泰特華德公司三分之一股票的派特森。職員客氣地記錄下他的投訴，隨後又將之整理成報告，報告層層上交，最後放到了第一國際銀行總裁詹姆斯・斯蒂爾曼的桌上。整個銀行所不知道的是，派特森早已被阿奇博德策反成功，而成為洛克菲勒的人。

不久之後，賓森再次來到紐約第一國際銀行，希望能夠再次借到二百萬美元。然

而，斯蒂爾曼卻委婉拒絕了他，並透露說，由於在他的公司裡，有主要發起人股東表示懷疑管理團隊的職業道德，因此，銀行很難信任這樣的貸款客戶。退一萬步說，即使股東是在誣告，也說明公司股東中出現了明顯的分歧。

賓森從未想到，問題會出在內部。他滿腹狐疑、心事重重地離開了銀行，隨即回到公司，私下開展了一輪輪摸排。他沒有想到，這樣的行為，正中洛克菲勒下懷。在賓森疑神疑鬼的調查中，整個泰特華德公司很快陷入了相互猜疑的氣氛。隨後，派特森按照阿奇博德的指示，在股東會上發難，以缺乏信任為理由，強烈表示希望抽回自己的股本。接著，其他幾位股東也在他的煽動下，公然反對賓森的領導，為了退股，他們還到地方法院提起了訴訟。

由於種種的爭端，行情始終走勢良好的泰特華德股票，轉而下跌不止。洛克菲勒立即指示，迅速在股市上大量收購該公司的股票，不計成本，只要有數量。

內憂外患中，賓森完全失去了對公司的控制權，雖然心有不甘，但他最終還是將股票全部出售給洛克菲勒，黯然離場。

買下泰特華德公司，洛克菲勒終於實現了自己設立的第一個目標。這次成功收購，還給他帶來了巨大收益，在此之前，他就祕密投資五百萬美元成立了美國運輸油管公司。按照投資協定，一旦吞併泰特華德成功，這家油管公司就能獲得新增投資三千萬美元。

此時，已經沒有人能阻擋洛克菲勒。美國運輸油管公司完成了威廉波特和紐約之間的油管鋪設，再加上之前產油區與克利夫蘭、水牛城、匹茲堡之間的油管輸送網，一張如同迷宮般的油管網路在美國東部徐徐生成。這個巨大的網路，每分每秒都輸送著從數百英尺下抽送出地表的原油，大大減輕了標準石油公司對鐵路的依賴，使其在運輸上佔有了絕對主動權。

到一八七九年，標準石油公司所提煉的石油，已經占到全美生產總量的九五%。此時，洛克菲勒剛滿四十歲，已位列全美富豪前二十名。隨後的數年裡，洛克菲勒的屬下四面出擊，產油區的阿奇博德、匹茲堡的洛克哈特、費城的沃登、紐約的威廉等人，各自大顯身手，以不同的手段為標準石油公司收購煉油廠。

一八八二年一月二日，標準石油公司召開股東大會，正式組建托拉斯。如果說卡

特爾尚來自於德國，那麼托拉斯就是正宗的美國壟斷形式，其發明者正是洛克菲勒。

在托拉斯的體系中，各州的不同企業，在財務上各自分開，有獨立帳目、股票和董事。在法律上，各個公司都是獨立的。但是，這些公司實際上都採用相同的名字和經營方式，並聽從同一個執行委員會指揮。所有企業的股票，都交給委員會經營，這樣，看似分散的各公司繞過了法律漏洞，實際上都控制在洛克菲勒手中。

標準石油公司在股東大會上正式組建九人委員會，掌管所有下屬公司的股票。這九個人分別是：約翰•洛克菲勒、佩恩、威廉•洛克菲勒、弗拉格勒、沃登、阿奇博德、波什維、派特和希魯斯。這一天，標誌著標準石油托拉斯的正式成立。在這個托拉斯中，總共有四十家公司，其中十四家公司的股票完全聽其指揮，另外二十六家股票的大部分由其控制。從外表看，誰都知道它是史無前例的巨獸，但從法律文字上看，外人則根本無法弄清其中具體的產權關係、組織結構。

4．商業霸主、權力的迷宮

一八八三年底，洛克菲勒發現，百老匯四十四號那棟不起眼的房子，再也無法承載這個托拉斯的責任與夢想。他選擇在曼哈頓島的最南端，逐步購置地產，並最終計畫在草地球場旁亞歷山大·漢彌爾頓宅邸的原址上，建造嶄新的總部大樓。

一八八五年五月一日，標準石油公司遷入造價將近一百萬美元的新總部，這是一幢氣勢恢宏的九層花崗岩大樓，遠眺時如同無法攻克的堡壘。在大樓之外，沒有掛上任何標準石油公司的名稱標誌，只有簡單的街牌號碼：百老匯二十六號。這塊街牌很快成為世界上最著名的石油托拉斯縮寫，無論何時何地提起這個地點，都會讓人不約而同地聯想到洛克菲勒所宣導的神祕、權威和效率。

在大樓落成之後，一些有幸溜入大樓的記者發現，大樓內部顯得莊重典雅，與其森嚴權威的外表並不相同，四處都是紅木辦公桌，地上則是暗黃色的地毯。辦公室裡，落地式的玻璃隔斷直達天花板，遮掩著每個格子間裡進行的所有活動，任何一間辦公室門上，都裝有特殊的保密暗鎖，進入者只有以拇指和食指正確地扭動鎖邊，才

能轉動把手。這一切，都使整個公司總部宛如一座巨大的商業與權力的迷宮。

正是在這座迷宮中，洛克菲勒指揮著標準石油公司繼續擴張。一八八七年，標準石油公司幾乎消滅了絕大部分的國內競爭對手。按照其實力，完全可以將殘餘的幾家獨立煉油廠吞併，但洛克菲勒並不願意這麼做，他希望保留這幾家幸運的小企業，從而擺脫外界對其壟斷的風評。

其實，洛克菲勒這樣的做法，顯然有些自欺欺人。他雖然嘗試低調，但事實上他已經無法再低調下去。他和他的團隊，年復一年地在擴張的道路上跋涉著，終於創造出前所未有的奇跡。自新大陸被發現之後，美洲大陸上還從未有過一個企業，能像標準石油公司這樣，對其所在行業霸佔得如此徹底。現在，美洲大陸地平線上，從東海岸到西海岸，從每個城市到每個港口，人們不再只是隱約聽聞和窺探到石油托拉斯怪獸的黑暗身影；相反，這座矗立在美國全民面前的宮殿，正引領著整個龐大的石油帝國。

這個帝國的興起，花費了洛克菲勒十年心血，接下來的十年，他又會做出怎樣的選擇？

從洛克菲勒成名之後，外界就習慣將他抽繪成足不出戶的工作狂，藉以解釋他是如何一步步取得難以想像的成功。對此，洛克菲勒非常不快，但又拿不出確實證據加以反駁。因為他的確是在四十歲之後，才開始出國旅行的。從某種程度上而言，他是一個保守的美國鄉下人，對異域風情沒有多少興趣，從不去亞洲、非洲、拉丁美洲，因為對他而言，旅行的意義不是去跟風追尋那些異域風光，而是想方設法將自己的理念與文化加以傳遞。

一八八七年六月一日，洛克菲勒終於安排出了休息時間，帶著妻兒啟程去歐洲度假三個月。他手下的經理們去船上歡送，下船後感到如釋重負，因為他們早就擔心洛克菲勒不知疲倦的工作會損害其健康。但洛克菲勒依然放不下事業，船還沒到英國南安普敦港，他就發電報給公司：「我發現，我實在急於瞭解生意上的事情。」一個多月後，他又從柏林發電報，懇求公司執行委員會給他提供任何當前生意上的資訊。

當時，大批美國人湧入歐洲度假，但由於粗俗、炫富，加上缺乏知識，他們在歐洲的老牌貴族社會面前，出了不少洋相。相比之下，洛克菲勒家雖然毫無情調、不近人情，但洛克菲勒到哪裡都是樸實無華的裝扮，加上他那口音濃重的美國英語，使得

他看起來更像是來自美國的土財主。後來，當小約翰・洛克菲勒回憶起這次旅行，依然對父親總是試圖搞懂那些法語帳單上每項內容的認真表情，感到印象深刻。但他也承認，對於孩子來說，這確實是非常良好的商業基礎教育。

洛克菲勒並不喜歡歐洲充滿皇室氣息的宮殿、劇院，他只喜歡拜謁教堂，或者遊覽美麗風景。起初，他拒絕拜謁教皇，後來有人告訴他，這件事會讓標準石油公司裡信奉天主教的員工感到高興，於是他就改變了主意。

與洛克菲勒一家在歐洲度假相對應的是，他所創建的標準石油公司，早已將觸角伸向了海外，且更加肆無忌憚、無孔不入。相比美國國內市場，國外市場規模更大、利潤更高。早在十九世紀七〇年代初，這家公司的煤油製品就進入了東亞地區，如中國、日本；到十九世紀八〇年代，全世界八五％的原油都來自賓夕法尼亞州，石油成為美國第四大出口產品。如同無法容忍臥榻之側有酣睡的其他人，洛克菲勒同樣不能允許國外出現競爭對手，他曾經這樣對人說：「我們既有能力供應國內市場，就有能力出口。我希望我們將來能設法做到這一點。無論如何，都要為此而不斷努力。」

可惜，洛克菲勒終究並非全知全能，他沒有及時發現遙遠的高加索地區，正在萌發一場重要的變革。十九世紀七〇年代初，俄國巴庫港打出了產量空前的油井，黑色的油柱在震耳欲聾的轟鳴聲中衝上半空，有的甚至要連續噴發幾個月才能被控制住。一座座煉油廠拔地而起，且很快被濃密的黑煙包裹得嚴嚴實實。其中，瑞典人羅伯特·諾貝爾和他的兩個兄弟（其中最小的諾貝爾，在去世前設立了舉世聞名的諾貝爾獎），建立了諾貝爾兄弟石油製造公司，生產出品質可以與標準石油公司產品媲美的煤油，並迅速壟斷俄國市場。一八八三年，以諾貝爾兄弟為代表的俄國石油企業，利用價格低廉、品質上乘的煤油，開始搶占標準石油公司在歐洲的地盤，其發展勢頭之快，讓洛克菲勒大吃一驚。

為了報復俄國人的進攻，洛克菲勒動用了他最喜歡的招數：降價傾銷、攻擊對手和收購對手。然而，雖然他派出的密使與諾貝爾公司有過接觸，但諾貝爾公司在俄國必須聽命於沙皇政府，加上他們並不願意與標準石油合作，因此收購無從談起。

一八八五年之後，巴黎的羅斯柴爾德家族也在亞得里亞海沿岸建造了一批煉油廠，並出資組建了裡海和黑海石油公司，繼續利用蘊藏量極為豐富的俄國石油牟利。此後的許多年裡，在全球石油市場上，這三家公司相互勾心鬥角，每一方都試圖聯合

另一方去壓制協力廠商。

如此激烈的海外競爭，再一次激發了洛克菲勒的鬥志。他雖然已年近五十，卻壯懷激烈，在對下屬的訓話中，他用充滿支學氣息的詩句表達果敢與堅毅：「奮起而行，勇於迎接任何命運；進取不息，追求不止；耐心等待，堅韌努力。」

與此同時，洛克菲勒希望放棄借助中間商去運作歐洲市場的做法，而設立由公司直管的海外行銷分支機構，這一想法得到了阿奇博德的支援，但在執行委員會內部卻起了部分反對。直到一八八八年，羅斯柴爾德家族打破僵局，在英國設立了直接的銷售分公司後，委員們的看法才統一。僅僅二十四天之後，標準石油公司第一家海外分支機構就誕生了，這個名為英美石油公司的銷售機構，很快代表總公司壟斷了英國石油市場。一八九〇年，標準石油公司又在德國不萊梅成立了德美石油公司，在荷蘭鹿特丹建立了石油輸送站，簽下了向法國全國供應所需原油的合約，買下了荷蘭、義大利和斯堪那維亞各地多家石油公司的部分股份，甚至還在印度進行了激烈的價格戰。此外，標準石油公司緊隨諾貝爾兄弟公司，向歐洲派出了巨型油輪以運送產品。

除了抓住市場行銷管道，洛克菲勒也從未忽視過產品品質。在歐洲，雖然諾貝爾兄弟和羅斯柴爾德家族的公司擁有一定的市場分量，但抱怨其煤油產品質地不純的聲音從未停止。更重要的是，這兩家公司並沒有真正地扼殺其競爭對手，也沒有建立托拉斯組織，因此很難全面地抗衡標準石油公司。對此，阿奇博德的評論一針見血：「如果俄國石油業也像標準石油公司那樣採取果斷迅速而積極的行動，那麼現在讓美國石油業獲取利潤的市場，很可能都是他們的天下。」

雖然俄國人的動作可能慢了一拍，但到了此時，所有人都意識到石油並不是什麼奢侈品，而是遍佈在世界各地。一八九〇年，荷蘭皇家公司在荷屬東印度成立，一八九一年，商人撒母耳成為羅斯柴爾德家族在遠東銷售煤油的營運商，並在六年後建立了殼牌運輸貿易公司。由於洛克菲勒本人並不太重視東方的亞洲市場，所以標準石油公司的動作顯然慢了一步，等他們反應過來，又企圖買下這兩家競爭對手時，結果卻以失敗告終。

所以，標準石油公司只得立刻在亞洲的港口城市如上海、加爾各答、孟買、橫濱、神戶、長崎等設立營業所、派遣代理人。在種種努力之下，亞洲市場場被一分為

三。到二十世紀初，荷蘭皇家公司和殼牌合併，競爭形勢變為兩方的直接對立。自此以後，從歐洲到亞洲，競爭與對抗就成了主題，標準石油公司的觸角延伸到更遠、更細分的地域市場之內，不斷進行著祕密交易。

雖然海外競爭態勢激烈，但在全美國，標準石油公司依然是當之無愧的霸主。此時，他們已經擁有二萬口油井，四千英里長的輸油管道，五千輛油罐車，十萬名員工，每天都要向歐洲出口五萬桶原油。因此，洛克菲勒面對的海外競爭，實際上並不影響其公司所處的歷史地位，它必然會作為世界上最為龐大的商業組織之一，被載入史冊。

5．英雄白頭、美人遲暮

時間是每個人最為忠實的朋友，也是他們無法戰勝的敵人。即使是約翰・洛克菲勒，也無法逃脫這一點。當時間走到了十九世紀九〇年代，史上最強托拉斯的締造者，也走到了人生的轉捩點。

在此之前，洛克菲勒利用商業競爭，積累了大量的財富。而現在，他不僅要繼續管理石油帝國，還要安排慈善事業，並應對越來越多的法律訴訟事務。由於多年的辛勞工作，洛克菲勒曾經良好的健康狀況開始走下坡路，他的飯量變小了，每天只吃牛奶和麥片，卻依然不斷發胖。一八九六年，他的頭髮開始脫落，後來眉毛也開始脫落，為此他換上了最好的假髮套。

洛克菲勒不得不開始考慮急流勇退，但他選擇的繼承人阿奇博德請求他不要公開，因為他的威名能夠震懾公司內外，可以為標準石油發揮餘熱。於是，洛克菲勒悄悄收拾好個人物品，不再去百老匯二十六號上班，這一年，他五十七歲。除了擔任公司副總裁的阿奇博德，幾乎沒有人知道這件事。

不過，洛克菲勒並非完全退休。他對公司的支配權依然很大，有時候，他還是會回到辦公室，處理私人事務。到一八九九年之後，他就不去公司了，只是用電話和阿奇博德保持聯繫。

退休之前，洛克菲勒住在位於紐約第五十四大街的四層樓磚房中。雖然他擁有克利夫蘭最古老的「森林山」莊園，但這裡讓他感到更為方便，他不喜歡交際應酬，因

此只需要能夠招待親朋好友和公司同仁的地方。快要退休之前，洛克菲勒終於開始尋找可以提供度假休息的理想場所。一八九三年，他在哈得遜河與支流的分水嶺上購買了一幢兩層樓、木造結構的房屋。這裡被稱為波坎蒂科，在紐約市北約三十英里。站在位於西南角的陽臺上，能看見奔流的哈得遜河水、新澤西的懸崖峭壁和鬱鬱蔥蔥的鋸木廠河流域。以這裡為中心，洛克菲勒又花錢買下周圍不少土地，最終將莊園面積擴大到一千六百英畝。

洛克菲勒花費了許多力氣改造他的莊園。他拆毀了一幢幢建築物，將一片片籬笆拔掉。許多石頭被炸平，改去鋪墊新開闢的道路，樹木也被連根拔起，轉移到新的生長地方。不過，與其他那些將別墅佈置成充滿大理石、水晶和占董的宮殿的富翁不同，洛克菲勒的莊園並沒有這些，他的室內布置只是自己最喜歡的簡樸舒適風格，並沒有什麼裝飾品，甚至餐桌上的食品也乏善可陳。後來，他的兒子小洛克菲勒也繼承了這一點。

值得一提的是，在新莊園裡種植了有上千棵樹木。當洛克菲勒後來又在新澤西買下一個高爾夫球場，並將之改建成住宅時，他還順便完成了一小筆樹木生意，他將種在波坎蒂科的樹木，以一棵一・五到二美元的價錢，賣給了他的新鄰居，而當初一株樹苗的成本價格只有五到十美分。後來每次提到這件事，洛克菲勒都會感到自豪。

人們說，這反映了洛克菲勒的人生哲學。在漫長的一生中，他其實並不太關心自己賺到了多少錢，也不在乎如何去花掉錢，其追求的核心是成功賺錢的過程。年輕時，他就是這樣的人，即便到老也依然務實。儘管退休生活悠閒自在，但洛克菲勒還是會每天工作兩個小時，他會在莊園的私人辦公室裡得上兩個小時，使用電話，委託經紀人買賣股票，使他既能繼續金錢遊戲，又可以消磨老年時間。

因此，他依然在許多大公司中佔有相當可觀的股份，比如擁有價值三千萬美元的國際收割機公司股票；此外，他還擔任摩根家族美國鋼鐵公司的最大股東，對通用汽車進行大量投資；有統一煤礦公同和科羅拉多燃料與鐵礦公司的股權支配權等等。當然，他始終都是標準石油公司最大的股東。

整個波坎蒂科莊園的建造與佈置，花費了整整七年。一九〇九年，洛克菲勒高興地搬入新家。在這裡，洛克菲勒在家人的陪伴下，度過了他平淡而富足的晚年生活。小約翰・洛克菲勒和他的妻子艾比很快適應了這裡，他們的六個孩子都在這座住宅中

出生，孫子、孫女們長大成人後的大部分週末與假期，也都在爺爺最喜歡的波坎蒂科莊園度過。

在孫輩成長的過程中，雖然父母所發揮的作用至為重要，但身為祖父的洛克菲勒對他們的影響，因為其特殊的經歷、過人的機智、敏銳的頭腦，而顯得格外不同。孫兒們喜歡並敬仰他，他們知道祖父幾乎是白手起家，創下了如此的基業。孫兒們與他待在一起時，總會感到有趣，而不像和嚴肅的小洛克菲勒在一起時那樣。在孫輩們小的時候，洛克菲勒會穿過莊園，去陪他們玩遊戲。孩子們長成少年後，都喜歡在週末去祖父家吃飯。在那裡，他們可以隨心所欲，慢慢吃飯聊天，還能聽祖父講有趣的故事。洛克菲勒總是比別人吃得慢，但當大家吃甜點時，他就開始講童話故事了，他的故事裡，只有一些單純有趣的情節，並沒有什麼大道理說教，這讓孩子們感到十分放鬆而自在。

除了陪孫輩之外，洛克菲勒的退休生活，在外人看來是非常無趣的。人們很難想像像他這樣的億萬富翁，每天的活動就如同千篇一律的儀式，從來不會發生變動。有人看過他的旅行記事本，上而寫著：六點半起床，七點到八點讀報，八點到八點半早餐，八點半到八點四十五聊天，八點四十五到十點工作，十點到十二點打高爾夫球，十二點到一點一刻洗澡和午休。旅行尚且如此，更不用說他的日常生活了。

在如此嚴謹的生活中，只有高爾夫球這一項運動顯得有幾分生氣。洛克菲勒喜歡打高爾夫球，他幾乎每天都打，或許這項運動充分反映了他的性格：沉著、準確而穩重。那時，高爾夫球在美國剛剛開始流行，他在一次宴會上接觸到這項運動並學了幾次後，居然很快愛不釋手，並在莊園裡修建了小型球場。為了提高運動水準，他不但請了名師來教授，還自己設計了不同的訓練方法。比如，他讓人用東西壓住自己的高爾夫球鞋，確保自己能保持合格的站位；為了改善擊球動作，他讓人拍下自己　球的過程，好讓自己能看到問題出在哪裡。這樣的熱情與專注，只有在他從事石油事業時才能看到。

一般來說，洛克菲勒會邀請四、五個人來莊園打球，但遺憾的是，他的球友也不多。有人勸他應該多邀請一些朋友，但他卻頗為遺憾地說：「如果你認為我不喜歡邀請朋友打球，那你就錯了。我早就試過了，可惜結果讓我很失望。那些人個個都是醉翁之意不在酒，經常打到第九個洞的時候，就向我提出要求，不是希望我捐錢，就是

要向我借錢。」

除了打球，洛克菲勒還喜歡駕車。無論天氣好壞，他只要興之所至，就會裝束妥當、駕車出行。有時候，他的駕車裝備看起來頗為搞笑：身穿薄背心，戴著飛行員的護目鏡與防塵帽，帽耳在臉的兩邊垂著，就像兩隻大耳朵。

退休之後，洛克菲勒終於改變了對媒體的態度。飽受多年的攻擊之後，他終於意識到宣傳對個人與企業的重要性。他聘請了一位名叫約瑟夫・克萊克的新聞記者擔任宣傳顧問，在克萊克的指導下，他在態度中立的雜誌上發表文章，並開始撰寫個人回憶錄。

一九〇九年，當洛克菲勒步入七十歲時，他的身體依然健康。美國《哈潑雜誌》描述說，他此時依然是個魁梧的體育健將，有著明亮的雙眼、泛紅的雙頰，皮膚被太陽晒得呈古銅色，看上去只有五十多歲。

在他的莊園裡，洛克菲勒平靜地享受著退休時光。而莊園之外，他的標準石油公司卻要面對著外界的風雲變幻。新的故事正在上演，或許會成為商業歷史上的下一個里程碑！

·第 6 章·

與狼共舞，天使與魔鬼的圓舞曲

我為美國人帶來光明、
創造了數以萬計的就業，
我帶來了繁榮。
你們說這是壟斷，
我說這是企業的自由行為。
——約翰・D・洛克菲勒

1．狡兔計劃

洛克菲勒的巨大財富不是從別人的貧困得來的。他不是像隕石那樣的破壞一切而前進，而是經過四分之一個世紀的大膽冒險，在一個許多資產家都不敢踏入的新興危險領域中冒險。他也有努力的員工，更有比過去美國工業家們更為睿智而有遠見的計劃。一八九四年，石油的商機並不比鋼鐵，銀行，或鐵路來得多。這位巨人聚集他的財富，又顧到別人的利益。這是最挑戰我們傳統認知的地方。我們有很多的證據顯示，洛克菲勒始終如一的作法是給競爭對手合理的補償，可能是現金、可能是股票，讓他們退出。公平的說，一個公正的歷史學家應該認為洛克菲勒比卡內基對競爭者更為仁慈。我們可以得到這個結論：「他的財富跟和其他同時代的鉅富們相比，是最不骯髒的！」

——傳記家Allan Nevins

他最讓我們思考的原因以及他為何永遠引起世人如此矛盾反應的原因——就

是，他好的一面實在好到不能再好，但壞的一面很壞，異常冷靜。歷史很少出現這樣的人物。

——傳記家Ron Chernow

標準石油托拉斯，是世界歷史上非常獨特的公司，雖然它的總部位於紐約百老匯大街二十六號，但人盡皆知的是，紐約州政府顯然無法管理它，位於華盛頓的聯邦政府似乎也難以轄制它。在政府的不同立法機構中，洛克菲勒都安排了自己的代言人，除此之外，大批精英構成的律師團隨時準備保護企業的利益。歸根結底，背後原因在於整個托拉斯的收入之高，超過了美國大部分州的財政收入，各州從標準石油中獲益匪淺，使它得以在超級規模之上依然不斷擴張。

因此，在一段時間之內，標準石油托拉斯與政府保持著良好的關係，對外，它在海外市場上的表現，則象徵了美國的盛衰。歷任美國駐外大使們，幾乎毫無例外地都是標準石油托拉斯的支持者和代言人，他們擁有這家托拉斯的「地下大使」之稱。標準石油托拉斯所掌握的諸多國際競爭對手的經營情況，大都是由這些大使們提供的，比如美國領事金巴斯提供了巴庫油田的情報。部分公開的許多外交人員的名字，甚至乾脆列在標準石油公司的在職人員名單中。

對此，洛克菲勒在他的回憶錄中這樣寫道：「給我們最大幫助的，正是華盛頓的國務院。我們的大使、公使和領事們，協助我們開闢了通往新市場的道路，這種市場一直延伸到世界上最遙遠的角落。」

儘管得到政府的大力支持，但他沉默低調的性格，讓他在任職期間遠遠未能認識和利用新聞媒介的力量。結果，這一弱點在一八八五年之後便暴露無遺。

此時，洛克菲勒對原油儲備憂心忡忡，距離賓州最初發現石油已經過去了二十五年，全美國境內再也沒有發現大油田。有人甚至建議，公司應該退出石油業，轉入更為穩定的行業。洛克菲勒拒絕了這個提案，卻又擔心以後可能不得不轉而使用俄國生產的原油，這讓他非常難以接受。

一八八五年，喜訊傳來，在俄亥俄州西北部，一支尋找天然氣的小型勘探隊，意外鑽探出一片油田。這個事實表明；美國除了賓州之外的廣袤國土上，也有著豐富的石油蘊藏。聽到這個消息後，洛克菲勒迅速做出決定，以冒險家的精神，簽下俄亥俄

相關地區的土地租約。兩年後，事實證明了他的正確性，俄亥俄州和印第安那州的油田，產量全面超過了正在走向低谷的賓州，成為美國原油生產的老大。

借助這次大油田的開發利用，標準石油公司又進行了一輪併購。其勢力迅速從美國東海岸擴展到西部和中部，從而完全限制了石油行業中產生新競爭對手的可能。然而從此時開始，社會輿論與政府態度「突然」發生了重大轉變。

一八八七年，州際商業法案在美國國會通過，它規定，鐵路聯營和折扣運費屬於非法的勾當，政府專門建立了管理委員會對此進行監督。在公開場合，標準石油公司對新法案所提出的內容裝作十分歡迎，但人們卻非常懷疑其私下的做法，有種種跡象顯示，這家托拉斯依然在透過不同方式，規避這一管理制度。直到一九〇七年，他們因為類似手段，被處以公司有史以來數額最大的罰款，情況才有所改變。

一八八八年是美國的大選年，針對經濟壟斷的抗議活動，在全國境內大爆發，受到譴責的包括石油業、威士忌酒業、糖業以及幾十種其他行業的托拉斯。美國西部和南部的土地改革支持者，鼓動民眾反對鐵路部門，認為它們是壟斷者的幫凶；新教福音派信徒則認為壟斷導致財富分配不均，帶來了社會道德危機；勞工組織的工人運動急劇高漲，與資方衝突日漸加劇……這些來自底層的呼聲，迫使參選的兩黨在施政綱領中，不得不開始嚴厲批評壟斷行為。

如果說全國各地的洶湧議論尚且顯得有些混亂嘈雜，那麼新聞媒體有組織、有計劃的抨擊，就更容易圍繞標準石油公司和洛克菲勒本人，形成強大的輿論風暴。

到一八八八年，絕大多數有意願反對洛克菲勒的人，已經形成了很有影響力的遊說集團，他們不斷地與記者進行溝通聯繫，向標準石油公司發起進攻。

在這些記者中，表現最為出色的當屬亨利・勞埃德，他家境富裕、才華過人，畢業於哥倫比亞大學，取得了紐約州律師資格，後來又成為《芝加哥論壇報》大股東布羅斯家族的乘龍快婿。

一八七八年開始，勞埃德就盯上了標準右油公司，他在一篇篇文筆老練、華麗動人但又措辭尖銳的社論中，向公眾披露了大量關於標準石油公司的壟斷經營內情。

一八八一年三月，他在《大西洋月刊》上發表了名為〈一個大壟斷家的故事〉的報導，這篇報導文筆辛辣，但又有理有據，再加上雜誌本身發有量很大，頓時引起轟動，這期雜誌甚至加印了六次。

勞埃德最為厲害的地方，是他首先承認標準石油公司擁有著「合法合理的龐大規模」，但他又指出，這種所謂的合法合理並不合乎道德，因此更應該受到指責。他一針見血地指出，標準石油公司實力龐大的關鍵，在於其與鐵路之間的祕密結盟。為此，他將公眾注意力引導到洛克菲勒和范德比爾特、古爾德、斯科特這些人的合作協議上，認定洛克菲勒就是壟斷的具體化身。

為了讓文章更吸引人，勞埃德偶爾也會像其他許多記者那樣捕風捉影、添油加醋。他曾經在報紙上寫道，洛克菲勒在克利夫蘭擁有一家麵粉店。在另一篇文章中，他又為標準石油公司起了個後世聞名的外號「章魚」（用章魚有八隻腳做隱喻，表示它無孔不入）。當然，他的大多數話語確實具有鼓動力，例如他指責標準石油公司操縱了兩個參議員，並認為他們「在賓夕法尼亞州議會裡暢行無阻」，他還宣稱「美國可以引以為豪並深感滿足的是，它為世界培育了有史以來最成功、最狡詐、最卑鄙的壟斷企業！」

勞埃德在日復一日的指責中，逐漸形成了清晰的提議。他建議應該設立一個聯邦政府機構對鐵路運費統一管理，並預見到了制定州際商業法規的必要性。儘管他的這些建議後來全部被落實，但洛克菲勒自始至終都沒有直接回應他，他解釋說：「我當時是將精力全部放在公司的擴大、發展和業務的完善之上，沒時間去和那些造謠生事的傢伙吵架。」

洛克菲勒身處輿論風暴中心的淡定態度，也影響了標準石油公司的員工們。一八八二年，《紐約太陽報》曾經派出記者去克利夫蘭，試圖混進標準石油公司去採訪洛克菲勒。這名記者無法接觸到他，就只好去採訪了上百名公司雇員，但他沒想到的是，這些人全都在採訪中沉默無語，顯然學習了洛克菲勒的態度。不過，這並不代表公司內部就沒有反對的聲音。

一八八七年五月二十四日，標準石油公司高層管理團隊中重要的威廉・沃登，向洛克菲勒寫了一封言辭懇切的信。在這份信中，沃登為公司目前展現在公眾面前的形象感到痛心。他提出：

「我們取得了商業歷史上前所未有的成功，全世界都知道我們的名字，可是沒有人羨慕我們在公眾當中的形象。別人認為我們是一切邪惡、冷酷、壓迫、殘忍行為的代表（但我們覺得這樣說是不公正的），他們對我們投以白眼，蔑視地向我們指指點

點……我們當中誰都不會選擇現在這樣的名聲，我們都希望那些令人尊敬的人尊敬我們、喜歡我們、祝福我們。」

在信件的後半部分，沃登提出分享利潤的計畫，以此來緩解對手們對標準石油公司的敵視。他要求洛克菲勒仔細考慮這樣的計畫，甚至直言不諱地建議洛克菲勒應該和夫人談談，想像一下她是多麼希望丈夫受到尊重和祝福。

身處輿論風暴中的洛克菲勒，是否真正讀進去了這封信的建議？我們不得而知。此時此刻，洛克菲勒和標準石油公司再也無法回頭，他必須做好準備，去應對有史以來對壟斷企業的最大規模的調查行動。

2．為洛克菲勒量身訂做的謝爾曼法案

一八八八年初，紐約尚浸在冬日的寒冷中。一天中午，一位身著制服的司法人員行色匆匆地來到百老匯二十六號標準石油公司總部，他走進接待室，表明來意，說是應州法院的命令，前來將參議院的聽證會傳票交給公司總裁洛克菲勒先生。

負責接待他的櫃臺人員面無表情卻客氣禮貌地說道：「很抱歉，先生，洛克菲勒先生沒有來上班，他應該還在城外。」

這位小公務員顯然早有預備，他馬上離開大樓，踏上馬車，前往位於第五十四大街的洛克菲勒宅邸。僕人彬彬有禮地向他問好，並告訴他洛克菲勒先生雖然在家裡，但身體欠佳，無法見客。

此時，已經是黃昏時分。送達員知道事關重大，不敢擅離職守，於是就在洛克菲勒宅邸前的門廊下枯守了一夜。第二天清晨，他再次按響門鈴，聽到的卻是洛克菲勒先生已經離開了的託詞。直到這天晚上，精疲力竭的送達員才將傳票送到他手上。

這件事很快就傳了出去，輿論對洛克菲勒更加不利，人們認為，排名全國富豪前列的洛克菲勒，居然以「逃亡」形式來躲避傳票、為難小辦事員，顯得太過小家子氣。但洛克菲勒態度和藹地向外界表示，自己並不是在躲避叫法人員，他說當時自己並不在家，而是在俄亥俄州處理事務，聽到傳票的消息才匆匆趕回來。

其實，這並不是洛克菲勒第一次接受調查。早在十九世紀七○代，他支持組建南方開發公司之時，就有調查鐵路公司歧視行為的調查小組，對標準公司進行審查，並

發現許多對公司不利的證據，包括其如何合併其他公司、勾結鐵路分攤生意、限制鐵路與獨立廠商來往的行為。當時，調查小組並無他法，只是對其進行了嚴厲指責。但這一次，政府採取了實質性行動：要求他必須出席聽證會。

為了確保洛克菲勒能夠應對紐約參議院發起的聽證會，標準石油公司聘請了著名律師約瑟夫・喬特。剛開始，喬特並不喜歡洛克菲勒，他發現對方除了打招呼時很熱情，接下來就深陷在沙發椅裡，露出無精打采的模樣。更令喬特難堪的是，洛克菲勒對他提出的問題總是顧左右而言他，反過來卻還要盤問他種種問題。

喬特擔心地向弗拉格勒提問：「到底怎樣和洛克菲勒先生打交道？我覺得他似乎對很多事務都不明白，總是在提東問西。」

弗拉格勒笑了，他非常了解洛克菲勒對這些事務的厭煩感。因為幾年前洛克菲勒曾經在奧爾巴尼出庭作證，那次他連續對三十個不同的問題都做了相同的答覆，而且每次都沒有聽從律師的建議去回答。這一次，起碼他學會請教律師了，想到這裡，弗拉格勒寬慰律師說：「沒關係，您不必為他擔心，他肯定能照顧好自己。」

喬特半信半疑地同意了，繼續為不久之後就要進行的聽證會做準備。

二月上旬，聽證會如期舉行。洛克菲勒身著正式外套、頭戴禮帽，在喬特律師的陪同下，走進了紐約市最高法院。當法警打開門時，旁聽席上正在竊竊私語的人們突然安靜下來，全部將視線投到他的身上。儘管此時他已經四十九歲，但依舊相貌英俊，頭髮理得很短，略微發紅的棕色鬍鬚修剪得十分整齊。洛克菲勒並不在乎那些或質疑，或敵意，或溫和的視線，而是帶著相當堅定的神情，大步走進法庭，然後在自己的位置上落坐。

聽證會正式開始之前，是例行的宣誓環節，但洛克菲勒表現得非常主動。他充滿激情地吻了《聖經》，臉上充滿了對上帝的信心與熱忱。但當調查委員會開始提問之後，喬特發現，洛克菲勒完全變了，他雖然依舊和藹可親，但看上去卻顯得茫然而健忘，甚至有些思維混亂。這些特徵加上他眼角的皺紋，很容易讓人感到，曾經不可一世的商業鉅子，已經被責任與壓力逼到了承受的極限。只有極少數的人才能理解，這只不過是洛克菲勒自然而然的「生動表演」習慣。

首先提問的，是調查委員會法律顧問羅傑•普賴爾，與喬特不同，他是個喜歡裝腔作勢的律師，似乎因為似乎因為終於能夠面對面質詢洛克菲勒而感到激動，普賴爾

不停地來回踱步，並用灼熱的目光在洛克菲勒臉上掃來掃去，甚至用一根手指指著洛克菲勒發出提問。對此，洛克菲勒始終平靜如常，人們在他臉上根本看不到任何表情變化。回答問題時，他聲音洪亮，吐字清晰，口氣雖然有所變化，卻聽不出任何惱怒的情緒。

聽證會之前，標準石油公司一致同意，將所能透露的資訊壓縮到最少。助手保羅•巴布科克向洛克菲勒建議說，反托拉斯風潮只是一時的狂熱，聽證會也只不過是其中一部分。對聽證會的態度必須保留看法，迴避所有問題，既要答得客觀屬實，又不能留一下任何把柄，例如不要提供任何統計數字。洛克菲勒採信了這一建議，在聽證會上，他確實沒有透露什麼重要資訊。然而，由於之前保密工作做得太好，結果他無意中透露的些許消息：實際上都成為標準石油公司首次對普通民眾公佈的「重大事項」（儘管調查委員會對此已十分熟悉）。

例如，他首次提供了一八八二年公司起草的托拉斯協議，公開了委員會成員的名單，透露了公司當時就擁有將近七百名股東。似乎為了表明誠意，他甚至列出了托拉斯下屬的四十一家公司，其中有許多公司之前從未透露過這層隸屬關係。當然，為了反駁對自身壟斷石油業的批評，他也提交了上百家與其「競爭」的獨立煉油廠名單，還提到了自己如何與俄國石油企業進行激烈競爭的事情。

洛克菲勒憑藉著過人的穩定心態，不僅沒有失去聽證會的主動權，還反過來抓住了普賴爾律師的漏洞對其進行誤導。或許是需要準備的材料相當多，普賴爾在就南方開發公司提問時出現了錯誤，他將南方開發公司說成了「南部開發公司」。洛克菲勒不動聲色地發現了這個口誤，便立刻否認自己曾經是這家公司的股東，然後就公司名稱究竟是什麼，同普賴爾兜圈了。後來，洛克菲勒在回憶時信心十足：「我很平靜，很有自制力。我知道作為證人，我沒有責任主動提供任何證詞。他們以為在把我帶進圈套，其實是我把他們給帶進去了。」

羅傑・普賴爾畢竟見多識廣，在問詢快要結束時，他已經被洛克菲勒深深地打動了。他知道，面前這個看似樸實無華的中年人，根本不是外界所傳言的那樣，可以單純地用邪惡、貪婪、獨斷等形容詞去描繪。在結束提問時，他特意走到證人席前，使勁拍打欄杆，問洛克菲勒是否有機會能帶他一起參觀標準石油公司的工廠。

快到中午時，聽證會中途休息，洛克菲勒和下屬們一起吃午飯。用餐期間，他平

靜地問律師喬特自己表現得如何，喬特如實回答說：「洛克菲勒先生，我確實沒見過更為出色的證人了。」

此後的幾次聽證會，洛克菲勒繼續保持著沉穩的應對，提供了在本方看來相當出色的證詞。然而，無論他的表現如何，幾週之後，調查委員會對標準石油公司的負面看法是不會改變的。

到五月份，調查委員會發布了報告，報告聲稱，標準石油公司是「原始的托拉斯」，是「一種體制的典範」，「這種體制已經像疾病一樣，在這個國家的商業系統裡傳播開來。」此外，報告也否定了洛克菲勒關於石油行業競爭活躍的說法，反而稱標準石油公司「幾乎是石油業唯一的佔有者，它將競爭對手差不多都擠出了這個行業。」不過，報告並沒有實質性的建議，而是宣布了對標準石油公司免於起訴。

在調查報告被公佈之後，社會輿論進一步被激發起來，反托拉斯的呼聲越來越高，反托拉斯運動正式拉開帷幕。推動這一運動背後的力量，首先是美國悠久的自由貿易的傳統觀念，其次是反壟斷、反貿易限制活動的習慣。在針對國家控制的美國第一銀行和美國第二銀行的運動中，厭惡壟斷的思想深入人心。南北戰爭後，全社會對政府壟斷事業的關注矛頭，轉向了類似於標準石油這樣的企業壟斷組織。結果，有十四個州在州憲法上進行規定，取締壟斷或反對限制貿易。到一九〇〇年，反對壟斷的州政府增加到二十七個，制定了反托拉斯法律的州則增加到十五個。

然而，各州分別制定的相關法律，實際上對標準石油公司這樣的大型托拉斯毫無作用，甚至對其他壟斷組織也沒有約束力。因為只要是壟斷組織，其經營範圍通常都跨越了好幾個州。因此，才會出現紐約州聽證會這種雷聲大、雨點小的結果。

某種意義上而言，洛克菲勒是在激烈的商戰之後，才打造出了無所不用其極的壟斷武器，所以他給立法機構的教訓是：必須通過對其創業生涯的研究，來制定出與之相剋的反托拉斯議程。

果然，一八八九年十二月，在國會收到的十五六份類似的議案中，有一份議案引起了關注。那是俄亥俄州參議員約翰・謝爾曼提出的。數年前，當他籌集選舉經費時，洛克菲勒還寄過去一張六百美元支票（這是當時常見的政治獻金做法）。不過，當選為參議員的謝爾曼，就反過來批評標準石油，將它作為反托拉斯議案的標靶。

一八九〇年七月二日，哈里森總統簽署了謝爾曼反托拉斯法，該法案規定，凡是

阻礙商業發展的托拉斯企業和聯營企業皆為非法。對違反該項法案者最高處以五千美元的罰款或一年監禁，或兩者並罰。

然而，這項法律的通過並沒有滿足反托拉斯運動宣導者的要求，在社會輿論看來，該法案含義模糊，也並沒有得到認真執行，總體上缺失連連、漏洞百出。諷刺的是，由於謝爾曼法案宣佈透過行業公會進行合作是非法的，結果許多公司只能直截了當地進行合併，從而避免行業生產能力依舊過剩，這反而帶來了更加明顯的壟斷，違背了法案的初衷。

即便如此，謝爾曼法案還是有其歷史性作用的，這條法案如同里程碑一般，標誌著美國聯邦政府對標準石油等壟斷大公司的「開火」。它的頒布，與其說是政府直接採取了有效措施，不如說是為了儘快讓公眾安下心來。在倉促完成開場鑼鼓之後，美國政府主導的反壟斷大戲，在二十世紀之初盛大開場。

3・與法律對抗的第一商人

謝爾曼法案可以看作。法機構向洛克菲勒發出的第一聲警報。在來自高層的警報尚在醞釀之時，另一場針對標準石油公司的實質性起訴，卻從俄亥俄州哥倫布市的書店裡悄然萌芽。

一八八九年秋季，一個週末的傍晚時分，哥倫布市商業區華燈初上，生意盎然。經過一週的緊張工作，街道上車水馬龍，從普通工人到商賈名流，都選擇以不同的方式來度過寶貴的休閒時光。

在街邊的一家書店裡，俄亥俄州首席檢察官、共和黨人大衛・華生，正沉浸在書海之中。華生相當年輕，擔任首席檢察官剛滿一年，除了日常忙碌公務之外，他熱衷讀書，從種種出版物中把握時代的最新方向。

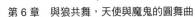

華生走過熟悉的書架，忽然意識到那裡多了幾本新書，他停下腳步，伸手取下一本小冊子。打開那廉價的棕色仿皮革封面，一行大字映入眼簾《托拉斯：近年來的聯合企業》，其下方是作者署名：威廉・科克。

雖然之前從未聽說過這位作者，但華生馬上聯想到身邊的傳聞。同事們說，在內布拉斯加州，檢察機構已經開始調查威士忌托拉斯案件。於是，他便對這本書產生了

濃厚的興趣，並決定將之買下來。

回到家後，華生認真地閱讀這本書。越讀下去，他就越意識到托拉斯對美國自由商業精神和未來市場競爭發展的阻礙力。雖然華生所在的共和黨看重大企業主的利益，但華生和許多普通黨員一樣，有著自己的立場和原則，他意識到，社會上層出不窮的反托拉斯運動，並非毫無來由，而是關乎許多人乃至整個國家的未來命運。

當翻閱到該書附錄時，華生原本開始平靜下來的心情，再一次不安起來。他發現，按照威廉•科克的調查說法，在過去七年中，俄亥俄州的標準石油公司將該公司的控制權轉給了大多數住在俄亥俄州以外的紐約託管人，這實際上已經是違背了該州的法律。

華生倒抽一口涼氣，如果這本書所說屬實，那麼這只能說明自己的前任多年以來，對俄亥俄州標準石油公司的違法行徑不聞不問。現在，無論從職責還是信仰角度，華生都決定對此加以過問。

受到這本書的啟發和影響，華生開始周密準備，四處搜集材料。一八九〇年五月，他正式代表監察機構，向該州最高法院提出公訴，要求追究俄亥俄州標準石油公司的不當行為，並直接要求解散標準石油公司。

標準石油公司的高層對此做出了反應。一開始，他們認為這種做法必然來自於商業競爭對手的干擾，當他們弄清楚了事情真止的來源後，又透過華生所在的共和黨層，試圖對其檢查行為進行干擾。實際上，由於俄亥俄州以工業為主，傳統上支持保守的共和黨，而作為該黨堅定的贊助人，洛克菲勒覺得自己是被欺騙了。他曾經為這次訴訟抱怨道：「我們從共和黨那裡得到的是不公平的待遇。」

很快，支持標準石油公司的共和黨領袖馬克・漢娜，就給華生發出了一封批評信，在信上，漢娜的用詞很是嚴厲。他說：「標準石油公司，是來自全國最優秀、最有實力的人物領導和管理的，他們幾乎個個都是共和黨人，在對本黨的捐獻中，一向非常慷慨。而據我所知，洛克菲勒先生也一直在默默做著貢獻。」隨後，他努力勸說華生放棄上訴，但華生始終不為所動。

雖然漢娜曾經寫信暗示洛克菲勒，說自己正在努力，但洛克菲勒後來卻否認了試圖干擾檢察官。後來，華生身邊的同事進一步透露，華生曾經先後六次面對賄賂的誘惑，其中有一次行賄的現金數額高達十萬，目的都在於停止辦理這一案件。

無論這些阻撓是直接來自於洛克菲勒的授意，還是標準石油公司其他領導層的干預，都無法改變最終的結果。一八九二年三月二日，在標準石油托拉斯帝國堅不可摧的綿延長城上，終於出現了一個從未有過的缺口。根據華生提出的上訴，俄亥俄州高級法院裁決認定，俄亥俄州標準石油公司確實受到百老匯二十六號託管機構的控制，它必須宣佈退出這項托拉斯協議。

當判決結果公佈之後，兩年來始終在負責應對訴訟的阿奇博德對此感到很遺憾。在總裁辦公室裡，他沮喪地向洛克菲勒彙報說，事情變糟了，這一次恐怕真的要解散執行委員會。

洛克菲勒對此未置一詞，但他的表情卻說明，自己早有準備。他的目光久久凝視窗外，那裡能看見曼哈頓島上最著名的地標建築物——高聳的自由女神像。

阿奇博德謹慎地沉默著，等待著他開口。過了一會兒，洛克菲勒似乎是自言自語，但又無比堅定地說：「那就將總公司設到新澤西去。」

阿奇博德馬上就領會了他的意思。在美國，州政府其實才是社會生活中最重要的立法與執法部門，很多事務上，聯邦只是發揮聯絡和規範作用。與俄亥俄州不同，新澤西州傳統上就有著發達的工商業，共和黨人勢力雄厚，對大企業更加寬容。

早在一八八八年，新澤西州就推出法案，規定該州公司可以擁有其他州公司的股份。在謝爾曼法案通過之後，新澤西州議會在支援大企業的勢力的遊說下，也將法案修改得更加有利於洛克菲勒，其中規定：企業體的負責人，可以用個人名義購買其他公司股份，當他已核發程式取得其他公司股份時，也獲得該公司資產的所有權、礦產權和工業權。

此外，從地理上考慮，新澤西也非常有利於標準石油公司的產品外銷。而此時這家托拉斯所生產的五〇%的產品，都是銷往歐亞地區的。

阿奇博德迅速將洛克菲勒的意圖執行下去。從俄亥俄州最高法院宣判的第二天開始，新澤西州標準石油公司開始增資，經由增設股份、擴充企業，並向托拉斯買進大量股票，這家原本位居下屬的公司，成長為一個驚人的大企業。與此同時，各州的分公司先在表面上從托拉斯中解散，各自經營，但董事會依然強調股東保持原有利益，各公司照常營業，高級職員依然按期到紐約總部辦公室開會，只是不再以執行委員會的名義而是由清算的名義來進行收入管理。

在長達七年的調整之後，下屬成員公司理清了各自的股權結構。標準石油公司於一八九九年六月改組，洛克菲勒指示新澤西標準石油公司重新登記，使其有權交換總部下屬二十個公司的股份，該公司資金增長到一・一億美元，並發行一百萬股的普通股票和十萬份優先股。六月十九日，董事會宣佈，所有下屬二十家公司與托拉斯已廢除的股票，全部更換成新澤西標準石油公司的股票。

利用偷梁換柱，法律上分散獨立的公司，又全部團結起來。在股票集中之後，標準石油公司正式復活。到一九〇六年，公司的總資金是三・六億，每年純利潤超過八千萬美元，雖然此時洛克菲勒早已退休多年，但實際上，這一切依然在他的指揮中。改組如此龐大的企業，他的戰略操作是他人無法想像的。

新的標準石油公司，採用了與之前不同的形式：控股公司。控股公司實際上是托拉斯在新時代的發展，與之前企業直接合併或祕密協定的方式比起來，控股公司有顯著優點：首先，控股公司買進其他公司的多數普通股股票，無須同其他股東商量，進而能直接掌握該公司的絕對控制權；其次，被收買的公司，在名義上還是在獨立經營業務；最後，採用控股公司的形式，便於掌握要收購或兼併公司所需的巨額資金。

在這個時代，控股公司並不是洛克菲勒的發明。一九〇一年，擁有十億美元巨額資本的美國鋼鐵公司，也以該形式成立。除此之外，在一八九九到一九〇三年，以控股公司出現或復活的托拉斯還包括國際收割機公司、北方證券公司，充分說明了控股公司的優越性。

年過六旬而退居幕後的洛克菲勒，以其過人的智慧與力量，讓整個標準石油公司金蟬脫殼，繼續在新世紀延續著往日的壟斷輝煌。然而，青山遮不住，畢竟東流去，他窮其一生所精心孕育的瑰麗薔薇，在崇尚自由商業競爭的美國社會眼中，終究將變成吞噬未來希望的「惡之花」。不久之後，更高一層的訴訟、更為堅定的判決，將降臨到標準石油公司的頭上。

4．黑天鵝事件——羅斯福的黑手

在金蟬脫殼的計畫基本落實之後，洛克菲勒選擇了急流勇退。同時，標準石油公司的業務在其歷史上達到巔峰狀態。當時，全美國八四％的石油產品都是這家公司銷

售的，三分之一的原油都是其開採的。雖然電力的使用率不斷增長，但石油生意的前景卻沒有被所謂的專業分析預言所影響。在生活方面，煤油爐、客廳燈、清漆等產品長銷不衰，石油原料供不應求，油價持續上漲；工業上，石蠟成為正在迅猛發展的電話業、電力業所必不可少的絕緣劑；

更重要的是，由於汽車的出現，標準石油公司正竭力為新興的汽車製造商們服務，當亨利·福特的流水線生產出第一輛汽車時，身後期盼的人群中，就有標準石油公司的推銷員查理·羅斯，他手中提著的正是標準石油公司生產的汽油。一九○○年，懷特兄弟在基蒂霍克海灘試駕飛機，開啟人類對天空的探索征程，這次載入史冊的飛行所使用的汽油，同樣也是標準石油公司的推銷員送去的。

新的用途、新的市場，大大緩解了煤油生意的萎縮，但外界輿論依然對標準石油公司不利，批評者找到了更多的事實來支持激烈的抨擊。

不久後，著名的《標準石油公司史》一書出版。本書作者是傳記女作家艾達·塔貝爾，她從一九○二年就開始準備此書，其寫作態度認真、筆調嚴肅客觀。為了寫好該書，她採訪了許多石油界人士，也包括亨利·羅傑斯這樣的標準石油公司高層。塔貝爾並不諱言她的偏見，因為她的父親，就是一位受損的石油生產企業家。因此，她既稱讚了洛克菲勒及其團隊的傑出工作能力和事業成就，也嚴厲譴責了標準石油公司的巨大財富是建立在欺詐、高壓、特權等手段上的。

這些來自社會的輿論抨擊，原本並不一定會對公司產生實質性的影響，標準石油公司完全可以繼續「金蟬脫殼」，以控股公司的形式延續托拉斯的美夢。然而，一件意想不到的「黑天鵝事件」，改變了歷史進程，導致來自白宮的頂層權力，直接盯上了標準石油公司。

一九〇一年九月五日，美國總統威廉•麥金利來到紐約布法羅，參加泛美博覽會。這一天，他發表了熱情洋溢的演說。第二天，他按照預定日程，參觀了尼加拉大瀑布，隨後又來到博覽會音樂廳參加盛大的招待會。

招待會上，各界賓客雲集一堂，總統所到之處，人們紛紛伸出雙手，想要獲得與總統握手的機會。二十八歲的利昂•喬爾戈斯也是其中一人，他混跡在人群之中，悄無聲息地掏出了手槍，警衛人員忙著掃視正在和總統握手的人，根本就沒有注意到他。喬爾戈斯順著人流，走到麥金利面前，抓住機會扣動扳機，朝麥金利腹部連開兩

槍。整個音樂廳頓時大亂，警衛人員蜂擁而上，抓住了喬爾戈斯，並將總統送到急救室。在那裡，醫生匆忙地取出了一顆子彈，但極差的醫療條件讓他們找不到另一顆子彈，只能縫合傷口了事。

九月十四日，由於第二顆子彈在體內引起潰爛，麥金利撒手人寰。在對喬爾戈斯的審訊中，兇手非常痛快地承認了自己的罪行，並放棄了申請辯護的權利，他承認，殺害總統是因為他憎恨總統對勞動人民的漠視與敵對態度。

由於兇手秉持的政治立場，流言不脛而走。有傳言說，總統麥金利只是暗殺名單上的第一個人，摩根和洛克菲勒的名字也在名單上。為此，洛克菲勒的莊園中增加了全副武裝的保鏢，他本人也深居簡出。但相比這種傳言中的威脅，洛克菲勒更在乎的是白宮易主的問題。

毫無疑問，麥金利是標準石油公司的朋友，他身為共和黨人，更願意保護大企業的利益。私交上，馬克・漢娜是一手支持他競選成功的重要顧問，而漢娜和洛克菲勒是少年時代就相識的朋友。只要麥金利還在白宮，洛克菲勒就會有極大的安全感，所以他在一九〇〇年十一月寫道：「美國的確應該為麥金利先生的當選而歡慶。由於財政利益建立在堅實的政治基礎上，今後的四年當中，美國人民的共同幸福會得到更大程度地實現。」

然而，伴隨那兩聲突如其來的槍響，一切都變了。麥金利離世幾小時後，年僅四十二歲的副總統西奧多·羅斯福繼任了美國第二十六屆總統。

與那些到處拉選票、搞腐敗的政客不同，羅斯福是個嶄新的人物。他家境富裕，素有教養，是荷蘭移民後裔，家族在曼哈頓做房地產從而發家致富。與許多傳統人士一樣，他對新興工業階層崛起過程中運用的種種手段感到厭煩，並因此被紐約的實業家們從州長位置上「廢黜」，而轉到了副總統的虛位上。沒想到，此舉反而成就了後來的羅斯福。

走馬上任之後，羅斯福專門將政府在鐵路運輸、食品藥品等方面對大企業採取的管理、監督措施加以整合，形成法案，根本不在乎來自華爾街的批評。與此同時，他還懂得用雙面戰術來應對托拉斯大亨們。他先是請約翰·P·摩根吃了頓飯，表明自己正在「努力同權勢階層保持聯繫」。隨後，他又與標準石油公司重量級人物弗拉格勒的助手，進行了友好會見。這些舉措似乎說明，他並不是激進的改革派。但很快，

人們又看出這些示好不過是暴風雨到來之前的寧靜。

一九〇二年二月，羅斯福沒有任何預先警告，就對摩根的北方信託公司發起反托拉斯訴訟。摩根雖然心中憤憤不平，但也默默接受了事實，並繼續對羅斯福做出讓步。相比之下，洛克菲勒和整個標準石油公司，都沒有看穿這位年輕總統的真實目的，所以缺乏與之主動溝通合作的真誠態度。

很快，全國上下都意識到，羅斯福正在成為真正推行謝爾曼法案的第一位總統。一九〇四年，羅斯福成功連任總統，特別成立了一個由五位著名律師擔任成員的反托拉斯小組，協助相關部門調查、審理有關案件。此後幾年內，美國總共發生了四十二起反托拉斯訴訟，而在此之前的十一年裡，全國上下總共才有十七起類似案件。因此，全美上下輿論對他抱以厚望，將他稱為「轟炸托拉斯的巨型轟炸機」。

羅斯福認為，過去的反托拉斯立法是非常愚蠢的，因為托拉斯組織也分好壞。「好的」托拉斯，能夠提供合理價格、優質服務，「壞的」托拉斯則只是為了榨取錢財。對於前者，可以允許存在，而對於後者，無論其勢力有多大，都應該加以剷除。

誰才是「壞的」托拉斯代表？無論在公開場合還是私人信件中，羅斯福都多次用洛克菲勒作為例子。一九〇八年一月三十一日，他在寫給國會的信中這樣說：「國會必須嚴格查處諸如標準石油集團這樣胡作非為的企業，禁止他們任意併吞同行、威脅公共運輸業、壟斷市場、壓制消費者權利。應當設法阻止他們逍遙法外。」

實際上，從羅斯福的連任開始，標準石油公司註定要成為聯邦反壟斷調查的靶心。當時有人認為，標準石油是一家著名托拉斯的母公司，其生產的是與每個人都有聯繫的消費品，其中有大量的材料可以發掘、調查。更何況，在新世紀到來之際，石油正在被應用到更多的新領域，由一家企業去掌控整個行業的現象，是無論如何也不能繼續了。

然而，洛克菲勒的倔強脾氣讓他多次錯過與羅斯福和解的機會。他誤解了總統的意圖，也沒有了解到公眾要求嚴懲標準石油公司的情緒。一九〇六年，當羅斯福將石油托拉斯和鐵路勾結的報告公之於眾時，洛克菲勒依舊反對公司去多說什麼。再加上羅斯福在同公司首腦見面時彬彬有禮、和藹可親，讓洛克菲勒錯判形勢，以為總統並不會真的出手，最多只是在保持姿態而已。

就在洛克菲勒的猶豫中，羅斯福完成了對標準石油公司的所有計劃部署，在「滴

答滴答」的時鐘聲中，這家公司即將迎來命運的終點。

5．標準石油新的里程碑

西奧多・羅斯福喜愛狩獵，他知道，想要捕獲大型獵物，不能指望一擊即中，而是要事先不斷採取迷惑與追蹤的姿態，消耗對手的生命力，瓦解它們的意志。在對待標準石油公司上，羅斯福完美地貫徹了這一原則。

從一九〇六年到一九〇九年，聯邦政府不斷傳訊洛克菲勒和其他高管出庭，並控告標準石油公司及其各下屬公司與鐵路公司相互勾結，暗中降低運費並獲取特殊折扣。在這些措施面前，標準石油公司只得取消與鐵路公司的祕密約定，提高運費，停止享受特殊待遇。然而，這並不是羅斯福的最終目的。在標準石油公司的名聲動搖之時，在他的親自過問下，特別檢察官法蘭克・凱諾克，正式對新澤西標準石油公司發起控告。

這一控告在一九〇六年就被巡迴法庭受理。凱諾克整整花費兩年，搜集了標準石油公司壟斷市場、攫取利潤的大量證據，直到一九〇七年底法庭才正式開庭審理。在漫長的庭審過程中，凱諾克檢察官向法庭列出了新澤西標準石油公司的四大罪狀。

第一，新澤西標準石油公司利用各地分公司，在不同地區開展經營業務。

第二，標準石油公司壟斷了整個對外銷售的市場。

第三，被控告的九人委員會，擁有控股公司絕大部分的股票與產業。

第四，近八年來，標準石油公司淨收入五億美元，法庭由此了解到自一八九二年俄亥俄州判決公布後，托拉斯進行的股票清理和控股公司成立的過程。

面對指控，洛克菲勒不得不在一九〇七年十一月十八日再次出庭作證，雖然他實際上處於退休狀態，但名義上他依然是公司的負責人，為此，他只得在開庭前恢復去百老滙二十六號上班的狀態，與律師一起演練法庭的對答。在這段時間裡，他和律師侃侃而談，宛如鄉間紳上對往日的追憶。他描繪當年自己如何篳路藍縷創建出標準石油公司，並將托拉斯解釋成一個公道而慈善的組織，成立的目的在於為競爭失敗者解決生存的道路，從而聯合更多的力量，造福社會。然而，正式開庭之後，洛克菲勒突然彷彿換了一個人。他充分表現出一個六十八歲高齡老者的樣子，滿頭白髮、精神恍

惚，在面對凱諾克鋒利的盤問，或者顧左右而言他，或者推說自己記不清了。

到一九〇八年，形勢一度出現改觀的希望。威廉・塔夫脫作為共和黨候選人，接替西奧多・羅斯福成為新任總統。在他上臺之前，不少企業家指望他能夠減緩反托拉斯風暴。然而，塔夫脫總統雖然欽佩和喜歡洛克菲勒本人，卻同羅斯福一樣痛恨「壞的」托拉斯，他一口氣發動了六十五次反托拉斯行動，比羅斯福有過之而無不及。

由於兩任總統多年來前後圍追堵截，真正的審判終於到來。一九〇九年十一月二十日，聖路易斯的聯邦巡迴法庭裁定，新澤西標準石油公司及其三十七家子公司違反謝爾曼反托拉斯法，該公司必須在三十天內與子公司分離。塔夫脫總統聽聞消息後，稱讚凱諾克檢察官大獲全勝。與此同時，西奧多・羅斯福正在非洲從事他最喜歡的狩獵活動，當他聽到這個消息後，其興奮程度不亞於剛剛捕殺了一頭巨獸，他高興地告訴別人：這個判決是美國歷史上為了尊嚴而取得的最重大勝利之一。

作為最後的希望，標準石油公司馬上組織力量，向聯邦最高法院提出上訴。在等待終審判決的日子裡，公司總部彌漫著沮喪的氣氛。上訴足足拖延了將近兩年，但最終結果的到來卻迅疾無比且無可挽回。

一九一一年五月十五日十六時，聯邦法院首席法官小愛德華・懷特突然宣佈了關於第三九八聯合眾國起訴標準石油公司案的裁決。在長達四十九分鐘的時間裡，懷特法官用低沉而單調的聲音，宣讀了長達二萬字的判決書，其主要內容就是維持解散標準石油公司的裁決，並要求其在六個月內與所有子公司脫離關係，禁止公司領導人重新以任何形式建立壟斷地位。

這一審判結果公布之後，全國上下為此決定而歡呼。以此為轉損點，持續了二十年之久的壟斷與反壟斷之間的對抗，終於在形式上結束了。此時，洛克菲勒的內心痛苦可想而知，但他表面上若無其事。當消息傳來時，他一正在波坎蒂科莊園和一位神父打高爾夫球，得知這個裁決之後，他並沒有特別懊惱，反而開玩笑地問神父：「您有沒有錢？」神父回答說沒有，又問他是什麼意思，洛克菲勒說：「可以把標準石油公司買下來。」

洛克菲勒根本沒有去看那份冗長的判決書，他只是給過去的所有合作夥伴寫了一封信，信的措辭如同訃告，在開頭部分就頗為沉痛地宣告：「親愛的各位，我們必須服從最高法院。我們這個光輝而幸福的家族，必須要拆散了。」

實際上，對標準石油公司的拆解，並沒有給洛克菲勒本人帶來多少打擊，反而讓他與其他高管比以前更加富有。在判決之後，他搖身一變，成了擁何三十三個不同石油公司原始股票的人，這是以前不曾有過的情況。到一九一六年元月，由於汽車的普及，工業革命發展到了大量使用汽油的時代，由此，新澤西標準石油公司、紐約標準石油公司以及洛克菲勒手中其他公司的股票一路上漲，他的全部個人財產，由一九〇一年的二億美元，上升到此時的九億美元以上，這個數字相當於一九九六年的一百三十億美元。而那些敢於在股市上買入相關股票的投資者，也都跟著沾光。

財源滾滾而來的「美景」，似乎表明處心積慮打壓托拉斯的政府監管層，再一次輸給了老謀深算的洛克菲勒。華爾街對此的反應，某種程度上狠狠打了西奧多・羅斯福的臉。一九二一年，當他再次參與總統大選時，他憤怒地抨擊說：「標準石油公司的股票價格已經上漲一倍多了，洛克菲勒先生及其一夥人，實際上的財富多了一倍！怪不得華爾街的悼詞現在都成了『哦，仁慈的上帝，請再賜予我們一次解散的機會吧！』」

客觀上看，因標準石油公司的解散判決姍姍來遲，洛克菲勒本人利益並未受損，同時市場方面從中獲得的正面影響也相當有限。當最高法院宣佈判決時，客觀環境早就削弱了標準石油公司的統治地位。英國石油公司在中東開發出了儲量豐富的新油田，皇家荷蘭石油公司與殼牌公司的合併，讓標準石油公司再增勁敵。即便在國內，德克薩斯、奧克拉荷馬、加利福尼亞、堪薩斯和伊利諾伊等州也不斷發現新的石油儲藏，競爭者源源不斷地進入空白市場。因此，標準石油公司開採原油占全國總量的佔有率，已經從一八九九年的三二%下降到一九一一年的一四%，即便在煉油這一傳統強項業務上，也從市場佔有率的八六%下降到七〇%。可以預料的是，即便不判決直接解散，人們還是會看到標準石油公司逐漸失去原有的強勢壟斷地位，這是歷史大勢所趨，不會因個人意志而有所偏移。

當判決開始生效時，與元老們哀嘆過去的好時代一去不復返有所不同，那些真正在經營、管理公司的年輕人卻由衷歡迎這一決定。他們認為，在這個汽車普及時代到來之時，那些年過六十的董事們，必然會壓制年輕人的創造才能與全新價值。例如，印第安那標準石油公司的威廉•波頓就是其中的一個，當他聽說公司解體的消息之後，他直言不諱地說：「大家會發現，這是給了年輕人一個良機。」不久後，由於擺脫了上層管理部門的掣肘，他發明了一項高價值的技術，能夠從原油中提煉出更多的汽油，該公司很快透過向其他公司轉讓這一技術而大賺一筆。

面對最終到來的瓜分結局，每個人都有不同的立場與看法。但無論如何，新的時代已經到來，人們將很快看到，當另一個歷史時期的大門敞開。洛克菲勒家族也必須面對熟悉而陌生的舞臺，延續過去的榮光，書寫不同的傳奇。

標準石油公司的解散，正如其崛起那樣，被歷史巧妙地安排在最佳時間點。

從二十世紀的第二個十年開始，汽車工業迅猛發展，石油貿易進入高潮期。在這樣的時代背景下，由標準石油公司拆分出的三十八家分公司中，迅速走出了多家強大的石油企業。

當時，在世界範圍內，有七家最大的石油壟斷集團，號稱「七姐妹」。其中美國擁有五家，洛克菲勒家族控制其中四家，另一家是梅隆家族的產業。在美國以外，屹立著英荷殼牌石油公司和英國石油公司。這七家公司，對全球石油業的控制長達數十年之久，直到二十世紀五〇年代，才出現新的挑戰者。

從總體來看，洛克菲勒家族的這四家石油公司，控制了「七姐妹」總體五〇％的資產和原油產量，其勢力之雄厚堪稱魁首。雖然它們各自有著鮮明特點，但其發展歷史又有著千絲萬縷的聯繫。

新澤西標準石油公司，原先是標準石油公司的下屬分公司，一八九九年改為控股公司後，對其他公司有控股地位。一九二二年，該公司改名為埃克森公司。儘管標準石油托拉斯不復存在，但該公司的行業領軍地位依然不受動搖。它繼續從其他標準石油系公司購買大部分石油原料；它憑藉自身雄厚的品牌實力，從銀行獲取貸款，然後幫助其他公司發展勘探業務；它擁有全世界最為強大的石油銷售網路；公司的許多董事正是當年洛克菲勒的老部下。

埃克森公司的首任總裁，正是洛克菲勒欽點的接班人阿奇博德。在某種程度上，他比洛克菲勒走得更遠，儘管他在西部原油開採的戰略上曾經有過估計失誤，但他依然是這個行業最出色的經營者。

在美國國內，埃克森公司控制了盛產石油的德克薩斯州和路易斯安那州的大片油田，加上在其他十九個州擁有的油田，這家公司總共控制了二・三萬口油井，並在國內租賃了全國石油公司租賃地的六〇％。為了應對托拉斯解散後石油供應的不足，在

阿奇博德的領導下，埃克森公司更重視開發國外原油產地。在許多石油生產國，埃克森公司控制了勘探、開採、提煉、運輸和銷售的所有環節，使得石油開採、生產、運輸、加工、銷售的所有過程一體化。

第一次世界大戰爆發後，各國對石油的依賴變得更為明顯。在戰爭中，飛機、坦克和卡車都少不了石油。由於獲得充足的石油供應，英國獲得了更為有利的地位，而埃克森公司在其中扮演了重要角色，僅其一家公司，就負擔起當時協約國所需石油的二五%。

第一次世界大戰結束之後，美國依然是全世界最大的石油供應國。然而，這片遼闊的國土上，石油並不是取之不盡用之不竭的，從二十世紀二〇年代之後，美國石油企業發現，本土面臨的石油枯竭危機越來越明顯。而中東地區的石油被發現和開採，使得全世界石油公司的目光集中到這裡。

埃克森公司正是在這樣的背景下，開始了向中東地區的進軍。一九二二年，在華盛頓政府的大力支持下，埃克森公司進入了土耳其和伊拉克等中東國家，沒有花費太多力氣，就在那裡建立起自己的石油工業。在此後的數十年中，埃克森公司還壟斷了伊朗石油，在北非建立了子公司，並逐步控制亞非拉等國家和地區的石油市場，成為世界上最大的非政府石油、天然氣生產商。

紐約標準石油公司，是傳承自洛克菲勒帝國的另一脈強大後裔，以其紅色飛馬商標而著稱。早在一八八二年，這家公司就開始在英國銷售石油，此後，紐約標準石油公司逐步將業務擴張到遠東地區。

在托拉斯被拆解之後，紐約標準石油公司遇到了和埃克森公司相同的煩惱，起步時擁有龐大市場，卻缺少充分的原料供應。因此，在董事長亨利・科萊福爾傑的領導下，這家公司走上了國際化道路。

一九二五年，紐約標準石油公司收購了原本就與之有祕密聯繫的德克薩斯馬格諾尼亞石油公司。一九二八年，它與其他洛克菲勒派系公司一起，進入中東市場並積極擴大其勢力範圍。一九三一年，經歷了美國的經濟大蕭條，它與一家真空石油公司合併，這家公司之前也和洛克菲勒家族有著祕密聯繫。合併之後，紐約標準石油公司改名為美孚石油公司。

美孚石油公司繼承了洛克菲勒家族性格中好鬥進取的一面，它始終在為生存和發

展而努力。直到現在，它的辦事處仍然在百老匯大街二十六號——洛克菲勒家族企業的興盛起點。

一九九九年，埃克森和美孚重新合併。於是，埃克森・美孚石油公司成為當今世界最大的石油公司。

加利福尼亞標準石油公司被納入到洛克菲勒帝國中的歷史，只有短短十一年。它的創始人在加州慘澹經營了一家石油公司，偶然的機會，創始人們聽說洛克菲勒在舊金山開辦了標準石油的分公司，於是明智地前往尋求合作。洛克菲勒在一九〇〇年以不到一百萬美元的價格，買下了這家公司。這筆交易最關鍵的收益在於，標準石油公司獲得了橫渡太平洋的港口，從此可以將石油直接出口到遠東，實現了洛克菲勒當初的夢想。

托拉斯解散後，這家公司很快振作起來，有了洛克菲勒的支持，該公司很快發展。一九一九年，這家改名為雪佛龍的公司已經可以提供美國所需石油的二〇%。從此時開始，雪佛龍公司越來越接近石油生產公司，它的特點和埃克森公司恰恰相反：雖然擁有許多石油原料產地，卻沒有足夠的市場。因此，兩者之間的合作越發緊密。

上述三家公司，多年來始終被人們看作新的「標準石油集團」，它們有著相似的企業品牌，出售價格相同的石油，而它們的董事，依然是標準石油公司的原班人馬，最重要的是，在企業運作初期，它們最大的股東依然是約翰・洛克菲勒。因此，許多人都懷疑它們之間是相互勾結牟利。

在標準石油帝國解散之後，由於德克薩斯州政府和民間徹底的反托拉斯態度，德州標準石油公司幾乎全盤覆滅。梅隆的海灣石油公司得以強勢崛起，與之對立抗衡的，是德士古石油公司。

海灣石油公司的競爭優勢在於自給自足，它既不同於莫爾比石油公司，也有別於加州石油公司。在美國西南部，它擁有自己的開採、提煉、運輸和銷售系統，因此自行生產的石油比埃克森更多，它也有自己的油船運輸力量、市場銷售系統和金融投資體系。而它的對手，則是早就潛伏在德州的卡里南。

卡里南曾在洛克菲勒的標準石油公司工作。一九〇一年，在公司的暗中支持下，他在德克薩斯與德國善根施耐德合夥成立了比海灣石油公司更大的新公司：德克薩斯石油公司，後簡稱為德士古公司。德士古公司低價買下石油，高價賣給標準石油公

司，從中營利。此後，它在蘇必略爾湖一帶發現了更多石油，使公司得以持續發展。

一九一三年，卡里南被新任總經理艾爾古德・勒夫金所取代。勒夫金的父親曾擔任標準石油公司的遠東代理人。後來，勒夫金和洛克菲勒、梅隆等家族一起，成為重要的石油世家。到二十世紀五〇年代，德士古石油公司被列入洛克菲勒家族的勢力範圍。在全世界七大石油公司中，洛克菲勒的石油帝國一直扮演著非比尋常、重要的角色，它就像紐約港口自由女神手中的火炬，永遠輝映在世人的眼中……

·終 章·

結束並非一切的終結，
而是另一個開端……

我從小就被教導既要娛樂也要工作，
我的人生就是一個悠長，愉快的假期；
全力工作，盡情玩樂，
我在旅途上放下了一切憂愁，
而上帝每天都善待著我。

——約翰·D·洛克菲勒　86歲時自題

1．洛克菲勒中心

洛克菲勒中心（Rockefeller Center）是座落於美國紐約第五大道的一個由數個摩天大樓組成的城中城，由洛克菲勒家族出資建造，設計者為Raymond M. Hood。由十九棟大樓組成，各大樓底層相通。一九八七年被美國政府認定為國家歷史地標。

洛克菲勒中心的興建計畫，實際上早在一九二八年之前就開始了。小洛克菲勒原本並沒有承擔獨自開發的任務，但隨著經濟蕭條、形勢的惡化，曾經表示有興趣參與建設的企業紛紛退出，甚至原先簽署了協定的租戶也被迫放棄了。小洛克菲勒面臨著沉重的局面：如果他不去繼續興建大樓，就會每年虧損大約五百萬美元，而在租用土地的二十四年期間，這個數字會上升到一·二億美元。但是，如果沒有明確的租戶，直接開發土地的風險卻更大。

前進還是退出？經過反覆的思考，小洛克菲勒選擇了前者。後來，他因為這樣的勇氣受到人們的讚賞，但他說：「人們總會遇到這樣的情形——很想逃避卻無路可逃。於是，他就朝著向他敞開的唯一道路往前走，別人就將此稱為勇氣。」

小洛克菲勒的話有其道理，但他確實要面對嚴重的不確定性和重大的風險，這依然需要極大勇氣。在這座大樓的建設項目上，他突然發現自己重新回到了原本沒有多少興趣介入的商業世界，他接受了命運的挑戰，並向前邁出了堅定的步伐，去做自己應該做的事情。

小洛克菲勒諮詢了幾位曾經和他一起商討專案的建築師，確定了修改計劃。正是在第二次調整計畫之後，商業體被改名為洛克菲勒中心。與原計劃不同，它被設計成為完全商業化的開發專案。

即便對洛克菲勒家族成員而言，在當時美國經濟的大氣候下，想要堅持建造十幾座摩天大樓組成的商業體，也相當有壓力。建造所有大廈本身需要花費約一・二億美元，其中有六千五百萬美元將由小洛克菲勒私人擔保借貸。經過諮商，他從大都會人壽保險公司那裡獲得了信貸，此次交易成為當時所有保險公司中做出的最大融資計畫。即便如此，小洛克菲勒仍對四・五%的年利率感到不滿，並到處宣稱自己是被「強迫」支付如此之高的利息。但日後他的兒子大衛・洛克菲勒客觀地寫道：「那是他能得到的最好交易了，高利率本身表明了項目的風險性。」

很快，小洛克菲勒就不再計較經濟方面的問題。實際上，直到他去世，他都沒有從洛克菲勒中心的投資中獲得半點收益，回收的投資資金還不足五〇％。秉承著家族勤奮投入的基因，他一門心思撲在了建設項目上，事無巨細、親力親為。開工之前，他幾乎每天都俯首研究建築藍圖，手中拿著四英尺長的尺子，不斷地比較設計方案、進行選擇，為了保證審美效果和施工品質，他又額外追加了五％的投資。

施工開始之後，小洛克菲勒依然一絲不苟地進行監督工作，絲毫沒有考慮到經濟上的風險。如此的操勞讓他的偏頭痛復發了，從辦公室回到家時，他常常筋疲力盡，只能躺在沙發上休息。除此之外，他還患有支氣管炎和其他疾病，而建設洛克菲勒中心的工作加劇了他的病痛。

儘管如此，小洛克菲勒還是咬牙挺了下來。到一九三〇年夏天，事情出現了轉機，奇異的董事長大衛・楊，同意租用主樓中一百萬平方英尺的辦公而積和製片廠面積，以年租金一百五十萬美元的價格租用項目場地裡建造的四個影劇院。這是由於奇異控股美國無線電公司，並擁有雷電華影片公司。

有了這樣的大型租戶，大部分的建築規劃工作得以繼續。更重要的是，將房產項

目與電臺、電影進行結合，無疑讓洛克菲勒這個代表傳統商業時代的姓氏，與當時最新科技引領的朝陽產業，發生了奇妙的化學反應。這一合作本身，就帶來了大城市最需要的激情與關注。

轉捩點一旦過去，事情就變得順利起來。國會很快批准了特殊立法，為在洛克菲勒中心租用場地的公司提供優惠待遇，免除他們所進口產品的稅收。不少外國公司很快簽署了長期租約。隨著中心接近完工，小洛克菲勒憑藉最大個人股東的影響力，說服新澤西標準石油公司回心轉意，租用了原場地建設的所有最後樓宇。其他與小洛克菲勒關係密切的公司和機構，也紛紛租用場地，例如大通銀行在這裡開設了分行，並因此擁有了洛克菲勒中心的獨家金融圈。洛克菲勒基金會等機構，也都在這裡租用了少量面積。

儘管起步艱難，但結果是圓滿的。洛克菲勒中心成為世界聞名的地標。在這裡，現代派建築風格特點展現得淋漓盡致，那簡潔大方的線條，符合城市文化特點的裝飾藝術，富有人性化的地下商城、露天廣場和屋頂花園，讓洛克菲勒中心呈現出非比尋常的、氣勢磅礴的簡約之美。

一九三九年，洛克菲勒中心全部完工。此時，洛克菲勒家族總辦事處早已從百老匯二十六號標準石油公司大廈遷到洛克菲勒廣場三十號第五十六層。從那時起，這裡成為洛氏家族的核心權力樞紐。全部竣工的那一天，小洛克菲勒從五六〇〇號辦公室走了出來，他頭戴硬質盔形帽，手上戴著笨重的工人手套，在眾人的簇擁下，親手用鉚釘槍釘上了洛克菲勒中心大廈的最後一顆鉚釘。

此時，小洛克菲勒已經六十五歲，距離最初發願建立洛克菲勒中心，已經過去了整整十年。看著大樓上下歡呼的建築工人們，他心潮起伏：整個美國都曾經指責這個家族佔有了過多的財富，而這棟大廈以及其他所有的延伸建築，都為他證明：這筆財富只是上帝託付給他們家族的，他們將用以增進人類福祉，促進社會發展。

無論付出多少艱辛，在小洛克菲勒釘上這座大廈最後一顆鉚釘時，他感覺，一切都是值得的。眼前這座宏偉的洛克菲勒中心，不僅是美國歷史上前人幾乎難以想像的成就，而且也將被永遠載入史冊。整個洛克菲勒家族的形象，從此將不再流傳在紙面和口頭，也不會被肆意扭曲，小洛克菲勒和他父親的靈魂，彷彿融入了這座建築的每個角落，將長久地屹立在紐約，屹立在美國西海岸。

2．時間才是生命的主人

當小洛克菲勒在繁華的曼哈頓建造一座城中之城時，老洛克菲勒卻出人意料地對此沒有多少興趣。即便他知道這片城市建築，會讓整個家族的姓氏與世長存。事實上，他從未去過洛克菲勒中心，只是會在和兒子的談話中，關心工程中的財務或勞資問題。但有趣的是，他卻願意和孫子談起種種有關這座建築的細節，納爾遜・洛克菲勒記得，有一天中午，爺爺躺在折疊式安樂椅中，示意他過去，然後深入細緻地向他了解城中城專案的情況。

老洛克菲勒此時已經年過九十，體型越來越乾瘦，整個人不到一百磅。在他的宅邸之外，歷史學家和社會批評家對他的評論依然沒有停息。在大蕭條時代，出現了一本本聲討他的書籍，認為洛克菲勒是其所處年代中最大的匪徒，依靠無情掠奪和狡猾欺詐獲得了財富。但很快，隨著第二次世界大戰接近，高漲的愛國主義情緒又讓人們開始讚揚他為美國的工業鉅子，正是因為他們的努力，才讓國家擁有了強大的軍事力量。將不同時代下的輿論和學者們對洛克菲勒的評價進行對比，會有一種諷刺意味，因為他總是要麼被吹捧為偉人，要麼是遭到肆意謾罵——很少有觀點將他真正看作某種意義上的普通人。

不過，無論外界如何評價，老洛克菲勒都已經不在乎了。一九三二年，他已九十三歲，此時由於重感冒、身體欠佳之故，他終於完全放棄了高爾夫球。即使如此，他依然表示希望自己可以活到百歲，並將這個願望能否達成，看作是上帝對他一生所為的裁決。

一九三四年，老洛克菲勒突然得了支氣管性肺炎，這次疾病的衝擊，差點終止了他的百歲計畫，但他得以大難不死。他讓傭人和司機載了整整一車的水果、蔬菜、優酪乳和氧氣管，來到宅子裡住下，不再離開。為了活到百歲，他嚴格限制自己的日常活動，他不再打高爾夫，也不再坐汽車出去兜風，甚至不到院子裡散步，而是在日光房裡一坐就是好幾個小時。為了讓腿上的肌肉不至萎縮，他每天都要坐在臥室的健身車上，緩慢地蹬上一會兒。

一九三六年，老人大約預見到了自己的死亡。這一年，亨利・福特前來拜訪，當他告辭時，洛克菲勒對他說：「再見，我們到天堂再相會。」福特的回答是：「您如

果能進天堂，一定會再見到我的。」這可能是老洛克菲勒最接近死亡話題的一次談話，除此之外，他從來沒有談到過自己百年之後的事情，相反地，他總是在談論生的問題。

一九三七年，五月二十二日，週六，這天深夜，老洛克菲勒的心臟病發作了。五月二十三日凌晨四時左右，他昏迷了過去，並在睡夢中與世長辭。從醫學專業角度來看，他的死因是心肌炎硬化症，但也能說他是死於年事過高。

五月二十五日，在波坎蒂科莊園，舉行了老洛克菲勒的葬禮。三天後，他的遺體被送到克利夫蘭，安葬在母親和妻子的墳墓之間。由於擔心有人會破壞墓地，他的棺木被放在一座炸藥無法炸開的墓穴裡，上面還鋪著沉重的石板。

老洛克菲勒生前就將大部分財產以各種形式散發出去，只留下了價值二千六百四十萬美元的遺產，這與他曾經擁有的財富相比，只是一小部分罷了。報紙上的訃告將他描述成樂善好施的大慈善家，再也沒有人批評謾罵。在他去世後不久，小洛克菲勒搬進了父親的宅邸，但他明白，父親依然是舉世無雙的。因此，他保留了名字前的「小」字，在其晚年，人們總是能聽到他這樣說：「世界上只有一位約翰・D・洛克菲勒。」那時，小洛克菲勒也已六十三歲了。

在父親去世前，小洛克菲勒就有意識地將手中的權力讓渡給下一代。一九三四年十二月，他給每個兒子寫了一封信，告訴他們自己將大部分財產做了妥善處理，利用信託的方式，他們每個人能夠獲得總值四千萬美元的標準石油公司股票。

在父親這座老宅子裡，小洛克菲勒度過了他餘下的歲月。一九六〇年五月十一日，與世長辭。他的五個兒子，將父親的人生信條刻在花崗岩上，樹立在洛克菲勒中心前。

洛克菲勒的財富在整個二十世紀，依然對他的後輩在慈善、商業，以及政治方面起了許多幫助。孫子大衛・洛克菲勒是美國大銀行家，在美國大通銀行（現在摩根大通的一部份）擔任超過二十年的CEO。另一孫子，納爾遜・洛克菲勒，是共和黨紐約州州長與四十一任美國副總統。第三個孫子，溫斯羅普・洛克菲勒，是共和黨阿肯色州州長。曾孫傑伊・洛克菲勒是民主黨西維吉尼亞州參議員，也是該州前州長。另一曾孫溫斯羅普・保羅・洛克菲勒，擔任十年阿肯色州副州長。

總之，美國石油大王洛克菲勒建立的家族財富帝國，橫跨三個世紀、富超過七代，這也是在人類歷史上到目前為止是絕無僅有的傳奇世家。

根據第五代大公主亞莉安娜（Ariana Rockefeller）分享家族長輩們代代相傳的家訓，透露洛克菲勒的每一個小孩，從小學開始就要懂得「記帳」，約翰・戴維森・洛克菲勒在其成名致富過程中，「記帳本」扮演著不可或缺的角色，用來維持家風不墜並作為子女財富教育的基石，除了引導學習如何記帳外，每一天結束前都要記錄每一筆開銷、花費，關於為什麼要花錢買這些東西都要有一個「合理的解釋」，連一塊美金都不能放過，均妥善地在筆記本記錄每分錢花去哪裡，月底爸爸媽媽會來檢討，藉此控制下個月的開銷。

亞莉安娜說，曾曾祖父約翰・洛克菲勒諄諄告誡後代，賺錢的目的是拿來投資自己，讓自己在工作能發揮更大價值，也能擁有更好的生活品質，強調：「曾曾祖父告訴我們，當擁有傲人財富時，你就要懂得回饋社會，因為一切都是上天的恩賜。」

亞莉安娜的言論無疑揭露「財富世襲」的現實面，他們對市場的觀察力與財務管理思維就是不同，基本上有錢人只會變得更有錢，洛克菲勒靠著「記帳本」作為子女財富教育的基石，並傳承至第七代仍富可敵國。

因此，每個人都應該為自己為何不是富人而深思——《洛克菲勒人生哲學》就是一部蘊含人生忠告、人生哲理的智慧之書，值得我們大家去思考！

國家圖書館出版品預行編目資料

洛克菲勒人生哲學／林郁主編；初版－新北市；
新潮社文化事業有限公司，2023.09
面；　公分
ISBN　978-986-316-889-8（平裝）
1. CST：人生哲學　2. CST：成功法

191.9　　112010305

洛克菲勒人生哲學

洛克菲勒〔原典〕

林郁〔主編〕

【策　劃】林郁
【制　作】天蠍座文創
【出　版】新潮社文化事業有限公司
電話：(02) 8666-5711
傳真：(02) 8666-5833
E-mail：service@xcsbook.com.tw

【總經銷】創智文化有限公司
新北市土城區忠承路 89 號 6F（永寧科技園區）
電話：(02) 2268-3489
傳真：(02) 2269-6560

印前作業　菩薩蠻電腦科技有限公司

初　　版　2023 年 10 月